●設於威海衛劉公島上的北洋海軍提督衙門

●北洋海軍提督丁汝昌

●旗艦定遠號管帶劉步蟾

●致遠號管帶鄧世昌

●經遠號管帶林永升

●致遠艦上的部分官兵

●停泊在劉公島前的北洋艦隊

●一八九四年九月十七日，中日兩國艦隊激戰於海上。圖為描繪黃海血戰情景之油畫。

●威海衛東岸龍廟砲台北方路邊慘死的清軍

●一八九五年四月十七日，李鴻章和日本內閣首相伊藤博文在日本馬關春帆樓簽訂〈馬關條約〉，甲午戰爭就此落幕。圖為描繪簽約情景之油畫。

●康有為

●梁啓超

●北京強學會遺址

●帝黨首腦：光緒皇帝（左）與帝師翁同龢（右）

●后黨首腦：慈禧太后（左）與直隸總督榮祿（右）

上月二十三日戶部通政司詹事府鑲黃旗值日無引見
榮中堂謝授大學士並管理戶部事務 恩 剛毅謝調兵部
尚書協辦大學士恩 伯都訥副都統柏英到京請安 補用
道府沈翊清等謝恩 荊州協領尼英嘎謝 恩 杭州協
領哲凋精額謝恩 熱河協領婁燎謝 恩 恩溥請假五日
學會預備 召見 召見軍機 柏英 學會 榮中堂
上諭方今各國交通使才為當務之急著各直省督撫於平日
所知品學端正通達時務不染習氣者無論官職大小酌保數
員交總理各國事務衙門考驗帶領引見以備朝廷任使欽此
上諭數年以來中外臣工講求時務多主變法自強邇者詔書
數下如開特科裁冗兵改武科制度立大小學堂皆經再三審
定籌之至熟甫議施行惟是風氣尚未大開論說莫衷一是或
託於老成憂國以舊章必應墨守新法必當擯除眾喙嘵嘵空
言無補試問今日時局如此國勢如此若仍以不練之兵有限

●一八九八年六月，光緒皇帝接受維新派的主張，進行變法。圖為刊登在《京報》上的〈定國是詔〉。

●百日新政期間成立的京師大學堂（北京大學前身）遺址

譚嗣同

林旭

康廣仁

楊深秀

唐德剛作品集

民國通史

晚清導論篇

唐德剛作品集③

晚清七十年

・參　甲午戰爭與戊戌變法・[全五冊]

作　　者——唐德剛
圖片提供——意圖工作室
主　　編——游奇惠
責任編輯——陳穗錚
發 行 人——王榮文
出版發行——遠流出版事業股份有限公司
臺北市 104005 中山北路 1 段 11 號 13 樓
電話／2571-0297　傳真／2571-0197
郵撥／0189456-1
著作權顧問——蕭雄淋律師
1998 年 6 月 1 日　初版一刷
2022 年 5 月 15 日　初版三十一刷
售價新台幣 280 元（缺頁或破損的書，請寄回更換）

ISBN　957-32-3513-7　（第三冊）
ISBN　957-32-3510-2　（套號）
YLib 遠流博識網
http://www.ylib.com　　E-mail:ylib@ylib.com

目錄

【參】甲午戰爭與戊戌變法

晚清七十年

參

甲午戰爭與戊戌變法

一、「甲午戰爭」百年祭

爆發於一八九四年（清光緒二十年・甲午）陽曆七月的「甲午戰爭」，距今已整整一百年了。這個一百年（一八九四～一九九四）實在是人類文明史上最慘痛的一百年。其間我們這個自稱爲「人類」的「群居動物」，竟然以他的所謂「聰明才智」所發明出來的殺人武器，打了前所未有的兩次「世界大戰」！——在此以前，人類的戰爭全是「區域戰爭」，沒有把全體人類都捲入戰火也。

在這兩次世界大戰的前後，慘痛中的最慘痛者，可能就是我們這苦命的中華民族了。我們在兩次世界大戰中所受的苦難之外，還要加上三次武裝流血大革命——辛亥革命

（一九一一）、北伐（一九二六～一九二八）和共產黨席捲大陸的農民革命（一九四九），以及數不盡的內戰和外戰。根據國共兩黨的史家，和許多官私文件的統計，爲內戰和外戰，百年之中我們總共打了數逾千次大仗小仗。

在上述的千百次戰役之中，最令人迷惑不解，也最令人感嘆的莫過於本文所要闡述的「甲午戰爭」和我們老前輩華裔都親眼目睹的，二次大戰後的國共決戰了。這兩大戰役皆最具關鍵性。它們的勝敗都改寫了歷史。在這兩大戰役之中，也都是該敗者戰勝，而該勝者戰敗。勝敗本兵家常事。但是該勝者戰敗之時，竟敗得那樣慘，敗得「一敗塗地」，敗得「全軍盡墨」，那就匪夷所思了。

更奇怪的還是這兩次戰爭，雖然一個是外戰，一個是內戰，但是它們勝敗的方式，卻有高度的雷同。大致說來，敗的一方難免都大而無當，顢頇鬆散，貪污腐化，派系傾軋，幸災樂禍。結果天倒大家滅，悔之已晚。

而勝的一方則短小精悍，紀律嚴明，上下一心，如臂使指。處心積慮、不眠不休，非把對方吃掉，決不罷手。終於戰勝強敵，一步登天。可是以後也就志得意滿，趾高氣揚，一發難收。最後飲鴆止渴，也沒落個好下場！

就說我們所親眼自見的國共之戰吧！二次大戰後的南京國府是中華五千年歷史上最富裕的一個中央政府。庫存黃金白銀美鈔的價値，史所未有也。加以美式配備的四百萬大軍；飛機千架，艦艇如雲。原是聯合國中，不折不扣的四強之一。爲什麼爲時不過三年，竟被一批土共的「鳥槍、鐵錘、土砲……」（抗戰歌詞），打得落花流水?!等到華北失守時，長江以南半壁河山仍完整無缺。美國的魏德邁將軍說，國民黨如還剩下幾把「掃帚柄」（broomsticks），也可把長江堵住，不讓共軍渡過。爲什麼後來湯恩伯將軍的四十萬大軍，連幾把掃帚柄也不如，豈不怪哉呢?!

撇開我們親眼看到的「怪哉」不談了，再回溯上去一百年，且看那個「甲午戰爭」，那也是個怪哉的怪哉呢?!

世界第八位海軍

在甲午戰前，我們的大清帝國也有一支相當可觀的海軍呢！它擁有裝甲十四吋，配備有十二吋巨砲的七千噸主力艦二艘，和各式巡洋艦、魚雷艇數十條。每次操演起來，擺出「船陣」，也是檣櫓如雲，旌旗蔽空，氣勢非凡呢！如把這些船艦，擺在今日的台灣海峽，也還是一支可觀的鋼鐵長城呢！何況當年。

這支艦隊甲午戰前亦曾由清政府派往高麗、日本、南洋新加坡一帶巡弋示威。堂堂之陣、陣陣之旗，連歐美海軍大國的觀察家亦均拭目而視呢！據當時世界軍事年鑑的統計，大清帝國這支海上武裝，居世界海軍的第八位。排名僅次於英美俄德法西義七大列強。此時日本亦僱有大批歐美專才，訂購船艦，銳意發展海軍。然在甲午前夕，日本海軍全部噸位砲位及海戰潛力，實遠落我後；在世界排名僅爲第十六位。按資料分析，清日對陣，日海軍斷非我之敵手也。

〔附註〕其實所謂世界列強海軍排位問題，只是當年海軍年鑑等一類書刊編輯，根據各國噸位與武器裝備，所作的比較之辭，並無絕對標準。甲午戰前，我海軍實力通常被估計，約在第六與第八位之間。日海軍則在第十一與第十六位之間。

誰知海戰於七月二十五日爆發後，不出數週，我艦艇竟一敗塗地，全軍盡墨。堂堂主力艦，最後爲敵方所擄，竟被拖回三島，充當海邊碼頭上的商用「躉船」，亦辱華之甚矣。回憶一九四八年夏，筆者赴美留學，路過日本時，隨團參觀日本之戰史館。曾見有大幅油畫，渲染其黃海一役，殲滅我方艦隊之戰績。睹之觸目驚心。返船之後，同學百餘人相約聯名上書南京國民政府，請責令日本拆除此畫！——那時我們是戰勝國嘛！——今日思之，心有餘酸也。

以上所述只是海軍。至於陸軍之一敗塗地，更不忍多說。斯時清朝的陸軍，尤其是湘淮兩軍，剛剛打完慘烈無比的對內戰爭：剿平「粵逆」，消滅「捻匪」，鎮壓西北「回亂」……，在國內眞是威無復加，不可一世。在甲午前夕，大清境內的百萬貔貅，都是久戰之師，氣勢奪人。

這時日本陸軍新建，可用之兵不過十餘萬人——「明治維新」時，天皇原無一兵一卒。誰知牙山一聲砲響，我軍竟瓦解土崩，不可收拾，而敵軍則追奔逐北，斬將搴旗。不數月不但佔盡邊塞，勢且逼近京師。淸方朝野震動，不獲已而靦覥求和。眞丟人之極！

在下愧爲人師。授課時每至牙山敗北，東海喪師；或錦州之失，徐蚌之潰……時，在作業裡，在試卷上總要問問學生：中日之戰與國共之爭如上述者，其勝敗之結局若此，原因何在呢?!這一標準問題，在課堂上問了數十年，迄無明確答案。慚愧的是，不只學生不知，作老師的自己，翻爛中西史籍，講義十易其稿，至今仍在雲霧中也。愚者千慮，不能說一無所得。只是敝帚自珍，終嫌譾陋，不敢張揚耳。

此次因事訪台，滯留逾月，適值「甲午戰爭」一百週年。劉紹唐兄因囑撰文紀念。復承台灣師大歷史研究所主任王仲孚教授，以師大近月所舉行的「甲午戰爭一百週年紀念學術研討會」之論文全集見贈。逆旅閒居，因將此七百零四頁約六十萬言之鉅著，逐字拜覽一過。此集為甲午文獻之最新資料，有緣即時捧讀，獲益良多。因思隨群賢之末，就筆者歷年教學心得，對甲午戰爭，從不同角度狗尾續貂，作一綜合分析，以就教於群賢。

也曾試撰「中國海軍史」

回憶童稚之年，因出生於淮軍遺族之家庭，學未啓蒙，而耳濡目染，即多為淮勇水陸兩師之故事與遺物；且時聞白頭老兵操韓語閩語為笑樂者。及長受業於郭量宇（廷以）師，並受當時突發的珍珠港事變之啓迪，兼以孩提時即大有興趣之海戰故事的鼓舞，初生之犢，不自揣淺薄，曾試撰《近代中國海軍史》，並擬分章發表之於當時後方的《

海軍整建月刊》（一九四二年某期起。近閱王仲孚先生所贈之《甲午戰爭中文論著索引》頁五〇，編號一〇〇七，唐德綱（筆者原名剛綱兩用）〈中國海軍的結胎年代〉載海校校刊，一九四八年九月。實係拙作第一章之重刊也）。其時曾爲某一小節之探討，與當時亦在煮字療飢之著名戲劇家田漢先生發生牴觸。

田漢先生戰時寄居貴陽，研究海軍史，參考資料甚少，不若我有「國立中央大學」之圖書館爲後盾也（中大圖書館是當時後方最好的圖書館）。結果該刊編者是我而非田漢，使我這一後輩心中不懌者久之。因爲我當時十分敬重田漢，對他更萬般同情。作爲後輩，我絕無心頂撞之也。記得當時田漢曾有詩自傷曰：

爺有新詩不救貧，
貴陽珠米桂爲薪；
殺人無力求人嬾，
千古傷心文化人。

田漢是詩人才子，散文和劇曲作家，也相當有學問（文革時與老舍同一命運，被鬥而死）。其時蝸居貴陽，生計艱難，而我目睹重慶街頭貪官汚吏，徵逐酒肉；對田漢之潦倒，敬重與同情之心，不兗油然而生。無心頂撞了這位前輩，心中不懌，實出自至誠也。

我那部可笑的《中國海軍史》，雖然已積稿甚豐，手鈔史料更是滿箱滿篋。甚至戰後還鄉，猶試圖去丁府（丁汝昌）、吳府（吳長慶）探尋其早年文獻。吳府爲至戚；丁府則沾親帶故也。然小書卒未殺青，殘稿便被中共「土改」了。我當時沒有急於完工，也是覺得海軍原是個洋東西。未能充分掌握洋史料，寫起來終嫌美中不足也。小子既然年富力強，又有志喝洋水，則來日方長嘛！

後來想不到三湊六合，又跑到美國大學裡教授起中國近代史來。適鄉友包遵彭兄自台灣間關來訪。包兄時在海軍總部任職，曾閱讀我在海軍月刊上之舊作，有意約我重作馮婦，合著海軍史。然斯時我正忙於他事，期以異日，初未料竟成永訣也。再者筆者當時正在教授近代史，牽涉殊廣，海軍亦只是一部分而已。

就以第一任海關總稅務司，那個毛頭小子英人李泰國（Horatio Nelson Lay）來說吧！在同治初年（一八六三），清廷委託他購船八條，試辦海軍之時，這小子時年不過三十，居然想當大清帝國的海軍大元帥(admiralissimo)。這個大元帥他當然沒當得成，而清廷又找不出自己的大元帥。曾國藩想把這八條砲船編入他的「水師」；滿人又怕國藩坐大而不允。國藩的老弟國荃，那時正圍攻長毛於南京，也不願這洋船來分他攻取南京的首功。八條大洋輪終於變成了喪家之犬，最後還得由李泰國把它們退回原主，拍賣了事。——這種買來賣去的折耗和佣金，都是大得不得了也。李泰國小子發了大財不用說了。好歹錢是公家出的（李泰國經管的關稅），大清朝中諸大臣對大清帝國的損失，不痛不癢也。

後來赫德（Robert Hart）繼李泰國爲總稅務司，固亦有充任大元帥之雄心也。其後終以文人不勝此職，乃改介英國海軍軍官琅威理（William M. Lang）。琅氏在李鴻章正式編練北洋海軍時，自認出任副提督，官職實係「總查」（總教官），然漢文語意不清，英譯固爲海軍上將（admiral）也。琅氏出身英國皇家海軍，帶職出任中國海軍官職。英國海軍原爲三頭馬車制，因此琅氏也要在中國海軍中實行兩頭馬車制。終於鬧出所謂「升旗事件」。琅氏不甘「受辱」，乃一怒而去。中英關係，爲之擱淺。下節再續論之。

無獨有偶。誰知五十年後，「酸醋約瑟」史迪威（Joseph Stilwell）在重慶也不甘心作「花生米」（「花生米」爲蔣委員長在二次大戰期間，國際密電碼中之代號）的「參謀長」（總查？），硬要出任「中國陸空軍總司令」，最後爲「花生米」所撤職。史氏一怒而去，也爲其後雅爾達會議伏下艱難之一筆，貽患至今未了。

這些歷史上的小故事，你說它大，也不太大。你說它小，可也不太小。有關它們的中西史料，是汗牛充棟呢！因此研究這種歷史，史料就不是問題了，史料多的是嘛！那麼問題所在，便是如何去「解釋」這些史料了。根據這些初無異說的歷史事實，要用簡明而抽象的語言，把它們「解釋」得言之成理。這在社會科學領域裡便叫做「概念化」（conceptualization）。筆者自五〇年代中期在紐約各大學兼授中國近代史以還，講稿十易，非全爲新史料之出爐也。實在是想「自圓其說」。講一點自己可以相信的學理，然後再去課導各族學生，讓他們也相信「師說」罷了。

「甲午戰爭」過去已一百年了。原始史料大致也已發掘殆盡。根據這些史料，來把這次戰爭，作一綜合的解釋，這就是筆者膽大妄爲，在本篇拙文裡所致力的了。

「甲午戰爭」的階段性

與洋學理接觸既久，每好替土學理打點翻案官司。這大概也是「五四後」（Post-May 4th）中國文化界應有的現象吧！自五四（甚或更早）以來所謂「傳統主義」（traditionalism）被洋人和新派學人罵慘了。子曰：「再思可矣！」我們在罵人之後，來他個「再思」（second thought），便時常發現「罵過了頭」，甚或「罵錯了」；乃至「你自己才該罵呢」！

例如洋人和他們的中國徒弟們，總歡喜說：「倒楣的中國，三千年沒進步。」我這個世界通史教師倒發現將中國比異族，三千年來，我們的政治社會制度卻最爲穩定呢！連個倒楣的小腳，也一裹一千年不放；慢說是「三綱五常」、「四維八德」和「三公九卿」了。小腳是混帳了，而三綱五常、四維八德、三公九卿就一無是處哉?!去其渣滓，汰出有用金屬，就不能替所謂「西方現代文明」拾遺補闕哉?!

筆者正撰拙文半截，忽然老友杜維明教授敲門辱訪。我初以爲維明兄有私事相詢。孰知他竟爲談學問而來，眞使我受寵若驚。

杜教授近承哈佛大學校方之委任，正組織漢學儒教在該校必修科中之普及工作，列爲大學本科生必修課程之一部分。受業者恆至千人以上，實美國高等教育史上，前所未有之盛事也。

維明說：「近百餘年來，我們都在向西方學習。現在他們的好東西我們都學會了。他們也該學學我們的好東西了！」

杜子之言，深得我心。杜教授爲今日華裔最突出的「五四後」的學者和思想家。非一般保守的所謂「國學大師」所可同日而語。——這也是「現代化」和「超西化」（Post-Western），與「僵化」和「基本主義者」（fundamentalists）之別也。

長話短說。我們有個兩千年不變的文化定型。但是這個「定型」在鴉片戰後，維持不下去了。它要「轉型」。轉型從「變」開始。它從「千年不變」，忽然地弄得「十年一變」。連變二十變。窮則變、變則通。變它兩百年，變出一個新的「定型」來。然後它又可以千年不變了。

或問：這新的定型是什麼個模式呢？曰：吾不能確知也。它將是全民族的智慧、經驗和血淚，通過兩百年的「歷史三峽」，慢慢熬出來的。等它熬出來之後，足下自會恍然大悟也。——如今我們這個歷史三峽已快到盡頭。諸位稍安勿躁。另一「定型」已隱然在望矣。

所以一部中國近現代史，便是一部中國文明轉型史，而這個轉型運動是有其顯明地「階段性」的。「甲午戰爭」便是一極重要的階段——它標誌著一個階段的結束，和另一階段的開始。——用一種最新的具體語言來表達，那便是由「四化」進入「五化」。沒有「五化」，則「四化」往往是徒勞（著重「往往」二字）。這便是「甲午戰爭」打敗仗最基本的原因。至於多開兩砲，少打兩砲，朋友，那是小事也；不足掛齒也。

原始四化，先砲後船

「四化」這個東西，在清末原叫做「辦夷務」、「辦洋務」；叫做「師夷之長技」；叫做「中學爲體、西學爲用」。民國學人把它加一頂洋帽子，叫「自強運動」、叫「科技現代化」、叫「國防現代化」。

科技現代化最早搞起的，是林則徐所發動的船砲政策。但是林則徐這位科甲出身的士大夫，和他的上司道光皇帝，和上司的兒子咸豐皇帝，以及許多「中興名臣」，都屬於「望洋興嘆族」（且用一個新式台灣語詞）。他們只搞「砲」，不搞「船」。在他們看來，在那波濤險惡的大洋之上，去與蠻夷搏鬥，做個「龍王三太子」，是不可想像的。在中國歷史上，上至秦始皇，下至戚繼光，都未嘗動下海的念頭，何況他們。所以早期的船砲政策，在道咸兩朝，只搞砲，不搞船。

在鴉片戰爭期中，林則徐曾向美商買了一條一千零八十噸的大洋船「劍橋號」（Cambridge），並裝了三十四尊英製大砲。但是林欽差並不要把這條大洋船開到海上與英船對轟。相反的，他把這洋輪橫停於珠江口內，作爲障礙物，兼作砲台之用。結果被英國水兵爬上去，連船帶砲給開走了。

後來長毛打到上海附近（一八五四），要與小刀會合流。那位行商出身的上海道吳健彰，頗通洋務。他知道洋船是無敵的。所以他向洋商買了一條吃水四百三十噸，名叫「孔子」（Confucius）的大洋輪來「助剿」。並僱了些洋水手來駕駛「孔子」。後來那個在清軍與長毛之間反反覆覆的美國癟三華爾（Ward），便是「孔子」的一個水手。後來吳健彰不要「孔子」了，他把「孔子」送給江南大營的向榮。向榮對「孔子」也沒興趣，因爲「孔子」太胖大，不夠靈活。在長江裡動不動就擱淺。而那些划小舢板的長毛，卻躲在小河灣和蘆葦之中，「孔子」對他們毫無辦法。所以向榮也不要「孔子」。——這也是上述李泰國所購八條大洋輪，被退貨的基本原因。

總之早期清廷的「滿大人」(mandarin)們，都對洋人的開花大砲有興趣，而對洋船沒興趣。要搞國防現代化，他們就拚命買大砲，築砲台。因此上至旅順口、大沽口，中在吳淞口，下及虎門柵，他們買了無數尊開花大洋砲；建了數十座海防大砲台，等待著「夷人」登陸。朋友們相信嗎？後來在「一二八」(一九三二)、「八一三」(一九三七)期間，我們在吳淞口大砲台上，放得震天價響的開花大砲，都還是遜清末葉的曾文正、李文忠裝上去的呢！

砲是購自外洋。但是消耗量極大的砲彈、魚雷、水雷和步槍，總應該自己造造吧！因此，在太平天国快被打平前後，曾國藩當了兩江總督，左宗棠當了閩浙總督，他二人乃在上海、福州(馬尾)、南京三地，分別招洋匠，購洋機，自製洋軍火了。殊不知洋人是船砲不分的。能造砲彈，就可造砲；能造砲，就必能造船。我們既能自製大砲，很自然的也就能自製「火輪」了。這便是後來的「江南機器製造廠」(今日已能製造十萬噸以上的遠洋大輪，說不定已在設計製造航空母艦了)、「馬尾造船廠」和「金陵兵工廠」的起源了。等到張之洞出任湖廣總督，李鴻章出任直隸總督，這項軍火工業便擴展到漢陽、天津和大連了。各地封疆大員也可乘乘自造的火輪了。

既然自己能製造小火輪和小砲艇，則自己的維修技工、駕駛舵手，甚至設計監造的工程師，也就勢在必有了。因此那位有遠見、有魄力而廉潔奉公的左宗棠，便於同治五年（一八六六）在馬尾辦起了第一所船政學堂來。其中分輪機與駕駛兩科——這便是中國第一個現代海軍的搖籃；雖然它的結局是十分可悲的。那也是單搞四化，忽略五化的錯誤釀成的啊！

海軍始於抗日

上述這項西化初期的縮頭挨打，守株待兎的旱烏龜政策，到同治末年（一八七四）卻發生了劃時代的變化。蓋此年日本藉口台灣牡丹社番民殺害琉球船民而出兵侵台，在清方朝野引起了震動。尤其是新任直隸總督北洋大臣的李鴻章，對日本之蠢蠢欲動，起了嚴密的戒心。

李氏於同治九年（一八七〇）繼曾國藩出任北洋大臣，駐節天津。下車伊始便碰到日本派專使來華，要求與歐美各國相等的「條約權利」（其實是不平等的條約權利）。鴻章爲之愕然。蓋自往古以來，中國便把區區日本，視同藩屬。初不意這蕞爾小邦，今日竟以帝國主義自居，要在中國發展殖民地了。

吾人翻讀李鴻章與當時日本使領人員的談話筆錄，李之口氣仍以上國大臣自居，然讀史者固知其色厲內荏也。在日本得其所償的大部分之後，條約墨瀋未乾，日軍又在台灣琅璚登陸（一八七四年四月。除另註外，本篇全用陽曆）。在舉國驚呼之下，鴻章乃急調時駐徐州的淮軍精銳唐定奎部六千人，租輪趕往台灣對抗。

定奎爲淮軍宿將。當其親率子弟兵之精華跨海南渡時，心中亦惴惴不安，蓋商輪無護航，渠深恐日軍半渡腰擊也。——唐定奎此時的擔心，二十年後證明並非過慮。蓋「高陞號」被日輪擊沉時，殉者近千人，盡是江淮子弟也。筆者幼年即嘗聽祖父的客人，高聲談論此兩役的驚險場面，而自慶未死。

李鴻章經此刺激，及決心自建海軍禦侮。他自始至終的假想敵便是日本，知道清日遲早必有一戰。蓋牡丹社事件之後，一八七五年九月日人又在朝鮮製造「江華島事件」，迫令朝鮮斷絕與大清宗藩關係，並與日本訂立條約。

一八七九年日本再迫琉球絕清而加以併吞。一八八二年及一八八四年，日本又在朝鮮製造所謂「壬午事變」、「甲申事變」。其志在併吞朝鮮，已昭然若揭。——這樣一來，李鴻章認爲，歐美列強還遠在萬里外，而新興的日本則禍在肘腋。建軍抗日，刻不容緩，乃奏請朝廷解散所有舊制水師而迅辦新式海軍。

所幸國內的內戰已暫告結束，外戰減緩。朝政，尤其省級政權，由開明派掌握，國力迅速恢復。朝中由兩位年輕寡婦垂簾，也頗能招賢納諫。總理衙門由恭親王和大學士文祥主持，久歷坫壇，亦熟諳外情。而外國公使長駐京師，酬酢頻繁。中外相處，也頗能互信互諒。尤其是美國由慘烈內戰(civil war)，轉爲國內建設（reconstruction），對華無領土經濟野心，遇事且可開誠相助。同治七年（一八六八）美國駐華公使蒲安臣（Anson Burlingame），竟被文祥說動向華盛頓辭去本職，接受清廷委派，爲中國出使歐美欽差大臣，頗多建樹——筆者曾有專文論之，不再贅。其時美國傳教士丁韙良（W.A.P. Martin），亦應聘爲總理衙門之顧問（洋員），並將國際公法譯爲漢文，使國人耳目一新。丁氏頗通中國古籍，兼擅國語粵語，甚爲中國士大夫所重。曾紀澤贈詩恭維他說：「羨君兼擅中西術，雙取驪龍頷下珠。」洵非虛譽。

總之，在此所謂「同治中興」（頗像當前的「小平中興」）的巔峰，衰老的大清王朝，一時頗有復振氣象。此時中國海關在赫德的科學管理之下，貪汚斂跡，收入甚豐。總理衙門因策動廷議，以海關收入的百分之四十，約四百萬兩，作爲建設新式海軍之用。斯爲中國近代史上第一個新型的「國防預算」。

中國海軍的結胎年代

清末中國新式海軍籌建之初，議者紛紜，然以淮軍智囊、曾任駐法公使的薛福成所論最爲中肯。薛氏主張中國海軍應分成北洋、南洋、閩粵三大艦隊、四十八船，分建合操。北洋艦隊由直隸總督北洋大臣負責監督與建設，以拱衛京師門戶。南洋艦隊則由兩江總督南洋大臣統率，以防衛東南海岸及長江內外。閩粵艦隊則由兩廣總督負責，保衛東南沿海。——此一三分制，至今未改。

此後李鴻章及總理衙門復參照洋員建議，將新建海軍按英制訓練，德制統率。英國海軍制度係由海軍上將三人，分工合作聯合指揮。德制則聽命於海軍總司令一人也。

中國海軍指揮既取德制，而海軍亦如陸軍，聽命於省級封疆大員，則中國之「海軍上將」（admiralty）亦取省級「提督」制。迨新式海軍成立，舊制水師撤銷，李鴻章乃調身經百戰、守身廉潔篤實之前淮軍水師提督丁汝昌，轉任海軍提督，統率北洋艦隊。南洋與閩粵管帶最高官階僅至總兵（海軍師長），無提督銜也。說者或譏鴻章以陸軍統海軍，爲戰敗原因。殊不知擊敗中國之日本聯合艦隊指揮官伊東祐亨（一八四三～一九一四）亦是由陸轉海，與丁汝昌無異也。民國時代國共兩黨建設海軍，何一而非由陸轉海哉?!持此論者，狃於皮相之說也。

此海軍規畫期中，四百萬元之預算，原議爲南北各分其半。雙線延伸，平行發展。斯時南洋大臣兩江總督爲沈葆楨。沈氏原爲「福州船政局」監督，本係行家。他認爲新式戰艦，不論自建或外買，所費均屬不貲。四百萬元之預算，爲一隊購艦造艦，未見其多；兩隊分攤，則嫌太少。既然北洋艦隊職在拱衛京師，責任最大，他主動建議，全預算劃歸北洋。迨北洋艦隊速建成軍之後，再建南洋。

李鴻章對沈之建議，當然求之不得。孰知同治中興時之滿清，仍只是滿清。南洋謙辭，北洋未必受益。在李鴻章建軍期中，北洋艦隊所實受，每年不過一百二十萬兩而已。預算鉅款何往，則公款挪用，私囊竊取，都早爲官場慣例。李鴻章雖一代能吏，亦是宦途老官僚，不會因公款之失，爲一己找其私家之麻煩也。然縱是一百二十萬兩，在當時已是鉅款。在同一時期，英德二國所承造的高等戰艦，索價亦不過四五十萬兩而已。——在同治末年日軍侵台以後，鴻章即以此每年百萬預算，購艦造船，一支像模像樣的世界第八位的海軍大艦隊，居然也就呱呱墜地了。

〔附註〕關於上述諸節，中文史料山積，見王仲孚編《甲午戰爭中文論著索引》，台灣師大一九九四年六月印行；大陸十年前亦有類似著作。其中有關北洋艦隊的資料，應以戚其章教授的《北洋艦隊》（一九八一年濟南人民出版社出版）最爲簡明，足資雅俗共賞。簡明的英文史料可參閱John L. Rawlinson, *China's Struggle for Naval Development 1839~1895*. Harvard University Press, 1967. 作者出身教會家庭。其父於一九三七年滬戰期間，我機誤炸「大世界」時遭難。本書爲作者的博士論文，附有簡明西文參考書目。作者與筆者爲數十年老友。筆者亦編有較詳盡之英文書目以補其不足也。

北洋艦隊的虛實

規章既已釐訂、經費亦有著落，李鴻章乃於光緒元年（一八七五）獲撥款四十五萬兩，委託總稅務司英人赫德，專程返英，向英國最先進的「阿摩士莊」（Armstrong）船廠，訂購艦艇四艘。這便是後來北洋艦隊裡的鎭東、鎭西、鎭南、鎭北，一式四船的標準砲艇了。後來李鴻章以其船砲新穎犀利，造價低廉（每艘十五萬兩），因此又加購兩條——鎭中、鎭邊。這六條英製砲艇，所謂「六鎭」，也就構成北洋艦隊的雛形了。

六艦原是分別建造的。它們的噸位、砲力等等，都不可能絕對相同。中西史料記錄，亦確有差異；史家亦難復考。但大致說來，它們是屬於同一級的，則無可非議也。六艦排水量大致均爲四四〇噸級；艦長一二七英尺，鋼殼而無裝甲。時速十浬。每艦有二十二磅（火藥）退管砲二至五門。這種阿摩士莊的「艾樸塞隆」（Epsilon）型新艦的最大特點是雙向航行，如橫渡長江的渡船，回航不用掉頭。在重洋之上作戰，忽前忽後，神出鬼沒，就制敵機先了。這種靈巧砲艇，在當時英國海軍裡也是先進的。

爲避免中國新建海軍，只受某一國家影響，並由於鴻章對德製軍火的喜愛，尤其是克虜伯廠（Krupp）出產的大砲。——且插句閒話：李鴻章這時所買的砲，後來被賽金花的德國「男友」瓦德西看到了，都嘆爲觀止呢！因爲德軍裡也沒有幾門。老蔣總統也喜歡德製大砲。連筆者這個小小的「將門之後」，童年時也曾擁有一支德製「三號駁殼」（盒子砲），和一百發四〇三號子彈。其青光閃閃，精巧絕倫，至今夢寐思之；兒時最愛的玩具嘛！——因此當鴻章再獲鉅款時，他就轉向德國訂貨了。

光緒七年（一八八一）鴻章再投百萬鉅資，透過中國駐柏林使館，向德商伏爾鏗廠（Vulcan），訂購七千四百噸，具十四吋裝甲，配備有十二吋（三〇·五公分）巨砲四尊的「主力艦」（battleship）二艘。這便是中國北洋艦隊的定遠、鎮遠兩艘「鐵甲」（ironclad）了。

定遠（後爲清海軍旗艦）、鎮遠二主力艦，是當時五大洋中最新型的戰艦。此二艦成爲我海軍主力之後，再加上若干輔助艦艇，中國海軍的戰鬥力，就超過當時世界最強的英國海軍的「遠東艦隊」了。——換言之，「鴉片戰爭」或「英法聯軍」如再來一次，鹿死誰手，就很難說了。只是定遠、鎮遠裝甲過重，船長三〇八呎，用的也是複式螺旋推進機（twin screw），可以雙向航行。它們的時速就只有一四・五浬，有時可能只有十浬，就稍嫌其慢。作戰時可以堅守，也可以圍殲敵船，但是要動如脫兎，追奔逐北，就非其所長了。——總之「裝甲」是其時海上戰略思想的重點。李鴻章也被它迷住了。所以不惜重價，務必求其兵利甲堅、盡善盡美也。——二艦的造價是六百二十萬馬克一艘（關兩總在兩百萬兩以上吧）。

李鴻章是合肥人。「合肥老母雞」的地方國民性有個癖性叫做「府大架子」，是一種賭徒性格。所謂「家無甔食之儲而一擲百萬」。李鴻章就是這種人。所以他搞起海軍來，是不顧一切的。時不旋踵他就躋身於八強之林。花起錢來當然也就嚇得合朝上下，目瞪口呆了。

須知一百年前世界海軍的發展，亦如今日之空軍，是日新月異、一日千里的。海軍的戰略思想也是變動不停的。它從著重主力艦的「厚重」，很快又轉移到巡洋艦的「輕快」。世界列強也就圍繞著這種戰略觀念，相互較勁。是所謂「世界軍備競爭」（World Arm Race）也。

在中國近代史上，李鴻章實在是第一位國家領導人物，可能也是唯一的一位，領導著中國參加這項世界級的武裝奧林匹克。可是參加奧林匹克是需要全國動員的。可憐的是李鴻章搞來搞去，始終只是「以一人而敵一國」（梁啟超對他的評語），就難以持久了。

繼定遠、鎮遠二艦之後，李鴻章又繼續向英德二國訂購二、三千噸級的輕快巡洋艦五艘——濟遠、經遠、來遠（德製）和致遠、靖遠（英製），再加上稍前購買的超勇和揚威，以及福州船廠自造的平遠、威遠、康濟、湄雲、泰安、鎮海、海靖等木製戰船，和若干魚雷快艇，這就是北洋艦隊的全部實力所在了。（共船艦二十五艘，約四萬五千噸，參見戚其章《北洋艦隊》；王英男〈北洋艦隊實力總覽〉，載上引《論文集》頁三〇〇；或Rawlinson前書List of ships, 1860～1895, pp.246～259. 作者查明甲午之前三十五年中清海軍共有艦艇一三四艘。資料分列極為詳盡。）

表面上看來，李鴻章這支大艦隊，是世界一流的了。但是親自參加這項軍備競賽的李鴻章本人是知彼知己的。他知道他的艦艇速度不夠快。他要加買快速巡洋艦。在甲午前夕英國的阿摩士莊廠知道它老主顧的脾胃，特以新近下水的世界最快、時速二十三浬的四千噸巡洋艦，奉獻給這位中國「宰相」。英人知道鴻章是內行，非買不可；鴻章也自知非買不可。——但是四化沒有五化，就要出毛病囉！舉朝只一個行家；餘子碌碌，衆口鑠金，他就買不成了。結果這條船被日本人買去，就變成後來日本的吉野號。——其後把我北洋艦隊衝得落花流水者，即此姝也。著史者，執筆至此，豈能不感慨係之？此是後話。

以一校一級而戰一國

以上所述是清末北洋艦隊的船砲等物質條件（hardware）。船砲總得要有人使用嘛！爲著掌握這項即將到來的中國史所未有的龐大海軍，李鴻章於光緒七年（一八八一）在天津成立水師學堂，以訓練海軍專才。但千船易買，一將難求。遠水不救近火也。誰知他因禍得福：一八七九年那位也是船政專家的兩江總督、南洋大臣沈葆楨病故。一八八四年秋中法戰爭爆發，法帝海軍偷襲我馬尾艦隊，七艦皆燬。沈葆楨生前苦心孤詣所建設的南洋艦隊，至此半遭摧毀。李鴻章奉命調劉銘傳率淮軍舊部，再援台灣；同時收拾中法戰爭這個爛攤子。他乃南才北用，把南洋艦隊裡的精華幹部，悉數調入北洋艦隊服務。寶劍贈英雄，二者竟然一拍即合。這才解決了他的人才問題（personnel）。

爲著瞭解甲午之戰時北洋艦隊裡那些失敗英雄，我們還得從他們出身的馬尾水師學堂說起。

且說甲午黃海之戰時，中日雙方參戰者，各有大小艦艇十二艘。我方的十二艦共有艦長（管帶）十四人（鎭遠、致遠二艦均一死一繼）。這十四管帶經筆者約略調查，似乎全是馬尾水師學堂的畢業生。最不可想像者是，他們十四人中，至少有十人是馬尾船校「第一期」的同班同學。在他們底下工作的大副二副等人，馬尾校友就更不知道有多少了。

在這十四管帶之中，有四人在黃海之上陣亡殉國。有三人因戰敗隨丁提督憤恨自殺。另一人顯然含冤而死。——眞是慘烈之至！

梁啓超說：甲午戰爭是李鴻章「以一人而敵一國」。同樣的，那空前絕後的鴨綠江口黃海大戰，也是馬尾船校以一校一級而大戰日本一國呢！

馬尾！馬尾！我爲爾歡呼。您在五千年中華通史上，青史留名，永垂不朽！

馬尾水師學堂（俗稱）或福州船政學堂，原是左宗棠左文襄公任閩浙總督時，於同治五年（一八六六）在福州馬尾創辦的，官名「福州船政局」。聘法人日意格（Prosper Giquel）爲總教習，任期五年，從事船砲輪機的製造，和駕駛人才的訓練。

是年左宗棠奉調遠去新疆，對付正在挑釁的俄人。左公在西北「手栽楊柳三千里，引得春風度玉門」，也幹了一番大事，而他在福州留下的船政局，就保薦科甲正途出身、林則徐的女婿沈葆楨，繼承其事了。——抗戰後那位受辱於美軍皮爾遜，而引起全國學潮的北大女生沈崇，便是沈葆楨的曾孫女，林文忠公（則徐）的外玄孫（見當時北大校長胡適的電報）。

沈葆楨是個有見識有度量的幹才，他把這船政學堂取了個文謅謅的名字叫「求是堂藝局」，辦得有聲有色。但是從這「藝局」二字，我們也可以看出當時科甲出身的士大夫，對這所新式的「海軍官校」的認識了。藝局所培養出來的當然只是些學徒技工啊！技工藝人在清朝以前的傳統宗法制度裡，往往都只是些與倡優同列的「無籍」或「樂籍」「賤民」呢！爲縉紳之家的子弟所不屑爲。所以沈氏當時所招收的，都只是一些清寒之家的子弟。爲貪圖食宿公費和每月一兩的餉銀而來。然既來之後，則不許利用藝局的免費教育，私自準備參加科舉。

這個近代中國第一座海軍官校，第一期有學生約六十人，於同治五年清曆十二月（

一八六七年陽曆二月）正式開學。學生分爲輪機與駕駛兩班。課程則由基本數理化，及英法文與古典漢文開始。輪機術語用法文（當時歐洲大陸乃至國際法的標準語言）；駕駛用語則英語也。蓋斯時英國掌海上霸權，英語歐美通用也。縱遲至今日，國際機場指揮塔（包括北京、上海、台北），公用語言仍爲英語也。

由淺及深，學制五年，學科術科與艦上實習並重。學生結業後，再隨輪實習三年，便粗具一輪之長（駕駛或維護）的資格了。然後再由政府選送至英國格林威治皇家海校(Royal Naval College, Greenwich)，深造三至五年，並進入英國艦隊見習，或至德法各高級船廠，見習造船。——十年樹木，百年樹人。一個現代海軍將才的培訓，其嚴格有如此者。反觀數十年後，我們「黃埔一期」搞三五個月的稍息立正，就可畢業。二者何能相比？

所以當李鴻章在歐洲大買其艦艇時，他需要大批專才來當「監工」；來「接艦」時，這批南洋培訓的海軍學生，就可以大派其用場；他在天津自辦其水師學堂（一八八一），也就不愁沒有師資了。

嚴復、劉步蟾和黎元洪

且舉幾位「馬尾一期」的佼佼者，讓大家結識結識：

馬尾一期生，以第一名入校，可能也是第一名結業者，名為嚴宗光。他後來改名嚴復（一八五四～一九二一），則康有為、梁啓超、張之洞、翁同龢、譚嗣同、載湉，乃至陳獨秀、胡適之等早期就丟掉「四化」，專搞「五化」的魏京生們，就受其影響了。

嚴復和他的同班同學劉步蟾、林泰曾等人，似乎都是一窩「格林威治」。——再插句閒話。在下沒鈔票也沒時間。若有機會去倫敦也住他個把月，我保證可把這批小格林威治們的成績單，翻它個簍底朝天。沒這個機會，就只能和野史館長擺擺龍門了。設有差錯，旅途匆忙執筆，尙乞讀者教正之也。

嚴宗光後來被李鴻章羅致了，去當天津北洋水師學堂總教習。在這學堂裡，老嚴教了個湖北學生叫黎元洪（一八六四～一九二八）。小黎在甲午前二年（一八九二）畢業，被送往德國留學。逾年歸來，被分發到劉步蟾當管帶的「定遠」主力艦上當個「砲弁」。——他如被分發到騎兵部隊裡去，那就變成「馬弁」了。所以砲弁者，馬弁之弟兄也。

後來這位黎砲弁又被轉職至「廣甲」艦。廣甲被日艦擊沉時，老黎泅水逃生，又幹起陸軍來。想不到他撿回的小命「貴不可言」。武昌城一聲砲響，這位歷史反革命加現行反革命，竟被革命軍強迫做了革命元勳。其後又做了兩任「中華民國大總統」！（他是分兩次做的，非「余又任」也。）——讀者欲知其詳，去看看章太炎那一篇頂呱呱的〈黎大總統墓誌銘〉，價值數千塊袁大頭的好文章！

但是他的老師嚴復就沒那個好命了。嚴復學貫中西（非筆者過譽吧）。他壓根兒瞧不起他那個臭官僚土上司李鴻章。鴻章也嫌他古怪，敬而遠之。嚴宗光因而覺得要做官，還得走「正途」考科舉。提調不幹了，乃「捐」了個監生（秀才），參加福州鄉試，想來個「一舉成名天下知」，揚眉吐氣一下。誰知三考不售。只好賣賣洋文，當當翻譯，了其懷才不遇的一生。

再看劉步蟾：劉氏則代表他們同學中，另一個極端。步蟾顯然沒有嚴復的文采。但是他在本行學術科的成就可能遠超過嚴宗光。他於一八六七年入伍（且用個現代名詞），五年畢業，三年實習期滿，一八七四年（日軍侵台之年）即由總教習日意格，發具船長證明書，證明他可以獨立作一艦之長。這時正是李鴻章要購艦造船買砲，成立新式海軍之時，苦無人才。此時步蟾大致二十歲左右（嚴復剛二十歲），英姿煥發，一下便被李鴻章看中了。步蟾其後留學格林威治，並在英國艦隊見習。歸國後立刻成為北洋大臣身邊的紅人——也是理所當然嘛！此後他奉命率隊赴歐「接艦」，可能不只一次。一八八一年李氏向德國訂購定遠、鎮遠兩大主力艦時，步蟾又奉命率十餘員工赴德監造。一八八五年船成，又奉命「接艦」返國。未幾北洋艦隊完成編制，步蟾奉命出任旗艦定遠的管帶，官階是總兵（位同今日的師長），地位僅次於提督丁汝昌，為中國海軍中的第二號將領。此時劉步蟾年齡不過三十上下。少年得志，意氣風發，可想而知。

在千艦易買，一將難求的情況之下，李鴻章對劉亦萬般倚重，密奏他才可大用，隱然是將來的提督人選。但鴻章對他也稍有保留，則是因為他們南方子弟，略嫌輕浮。其實這是滿清老官僚的成見。須知清末的海軍正如民國初年的空軍，是一種最時髦、最洋化的兵種。當時的威海衛和旅順口的海軍俱樂部內，酒吧間、彈子房、跳舞廳……，應有盡有，斯時國內聞所未聞也。過這種時髦生活的青年軍官，在滿清老官僚的眼光中就略嫌輕浮了。

劉步蟾事實上只是他們「馬尾一期」同學中一個最突出的例子。與他同時出任鎮遠管帶的林泰曾‧,出任致遠管帶的鄧世昌‧,來遠管帶的邱寶仁‧,濟遠管帶的方伯謙‧,威遠管帶的林穎啓等等,都是大同小異的青年軍官。總之,他們都是當時中國,受過十年以上,最嚴格的最現代化訓練的海軍專才。駕駛這種龐大而複雜的大洋輪,外行是不能領導內行的。而這種內行在當時的大清帝國之內找不出三十人。這三十人卻又是一個師父(馬尾一期)下山的。李中堂不辦新式海軍則罷。要辦,則所有主要艦長職位就由他們包辦了。——順理成章的事嘛!

再者,他們既有此相同的背景和友誼,很自然的也就形成了一個幫。對幫之外的外行領導丁汝昌,不用說陽奉陰違‧,對老李重金禮聘來的外國專家,也就不放在眼裡了。在這一心理狀態之下,一八九〇年就發生上述的「升旗事件」了。原來丁汝昌於是年率艦訪香港。一時因公離艦,旗艦管帶劉步蟾乃降下提督旗,改升總兵旗(他自己是總兵),以示他才是一艦之主呢!這時還在船上的琅威理不服,因他自認是大清海軍的副提督。有他在船,自應升提督旗。步蟾沒理他,官司便打到李鴻章那兒去了。李鴻章來他個是劉而非琅。琅威理大怒乃拂袖而去。英國那時想掌握中國海軍,琅氏一去便削弱了英國的影響力。英國再一怒，就不許中國學生進入英國皇家海校就讀了。

＊原載於台北《傳記文學》第六十五卷第二期

二、慈禧太后和她的頤和園

在前篇拙文裡，筆者曾提到，在近百餘年的中國裡，李鴻章實在是最早的，乃至唯一的當國者，曾經領導我國參加過世界軍備競爭（World Arm Race）。

我們應當瞭解，自哥倫布發現美洲（一四九二），到二次大戰結束（一九四五），在白色帝國主義的五霸七雄（後來又加上個日本帝國主義）的操縱之下，我們這個地球，實在是個「土匪世界」（引李登輝總統的一句石破天驚的名言）。那兒只有強權，沒有公理。強權從何而來呢？曰：武裝也；軍備也。在李鴻章那個時代，人類還沒有發明飛機和原子彈。列強要橫行世界，就只能靠強大的海軍了。

在十九世紀，英國的海軍是世界上首屈一指了。大英帝國要維持「日不落」的權勢，在海軍實力上還要確保它的「兩強標準」(two-power standard)呢！換言之，大英帝國的海軍實力，要超出其他任何兩個列強合併起來的戰鬥力量。

同治九年（一八七〇）以後，出任北洋大臣的李鴻章，深諳此道。他一再講，洋人的神氣，神氣在有「鐵甲」。你跟洋人打交道而自己無鐵甲，你得閉起烏鴉嘴。

李鴻章是近百餘年來，我國僅有兩大外交家之一——另一人是周恩來。筆者曾替顧維鈞先生寫了幾百萬字的回憶錄。但是翻爛顧氏的公私文件，我總認爲威靈頓顧只是個「技術官僚」、「博士幫首」和「黃面皮的洋員」。他一直只是在替老闆幹活而已；自己沒有眞正在外交上作主的政治力量——李鴻章和周恩來就不同了。

李鴻章也是近代中國搞以夷制夷的祖師爺——搞以夷制夷，連周恩來都未搞好。李鴻章當然也成績欠佳。李氏未搞好的道理，是他的「鐵甲」被日本打沉了。搞以夷制夷而無「鐵甲」爲後盾，那就變成買空賣空了。「夷」也不是傻瓜嘛！專搞買空賣空，哪裡行得通呢!?所以甲午之前，李鴻章立志要參加世界軍備競賽。

老實說，在李鴻章出任直隸總督、北洋大臣時期（一八七〇～一八九五）的大清帝國，要參加世界軍備競賽，是綽有餘裕的。大清帝國畢竟是個大帝國嘛！它和今日中國大陸上的人民共和國一樣，雖然也是一窮二白，但潛力是無限的。甲午之前慢說像上述的日本「吉野號」那樣的巡洋艦，就是再買它三五條「定遠」、「鎮遠」那一級的主力艦，也是輕而易舉的。

君不見一項〈馬關條約〉（一八九五）我們就賠了兩萬萬六千萬兩。六年之後的〈辛丑條約〉（一九〇一），我們不又賠了四萬萬兩？合計，七年之內一下便賠掉六萬萬六千萬兩！——我們有這麼多錢去付「賠款」，沒錢買船?!

當然四萬萬兩是分期付的。付多了蒙債主們退款，還要讓我的老師胡適之，我的朋友楊振寧、何炳棣……去放洋留學呢！羊毛出在羊身上，我們老太后當年賠的款，一小部分被退回，我們到現在還沒用完呢！——甲午戰前我們沒錢買船?!我們再買五條（定遠級主力艦）、十條（吉野級巡洋艦），也游刃有餘呢！

有錢為什麼不買船，要等到打了敗仗，再去「賠款」呢?!

朋友，這便是上篇拙文所說的：專搞「四化」，不搞「五化」，則「四化」往往是徒勞——此地著重「往往」二字。社會科學與自然科學不同。搞社會科學的人，不應該把話說得太「絕」。

須知，四化者，科技現代化也。五化者，政治現代化也。「政治現代化」不一定要搞什麼鳥「民主牆」嘛！但你至少也該搞個乾淨而有效率的現代化政府——至少也得像當時德國和日本那樣。像我們慈禧老太后治下的那攤爛狗屎，總歸是不夠資格參加世界軍備競賽的——帝國主義雖然都是「土匪」、「強盜」，但是盜亦有道也。

現在且看看我們李中堂，如何在這場世界軍備競賽中先敗下陣來，後來才打敗仗，才賠款。

海軍衙門是個大「肥缺」

在北洋艦隊成軍之初，李鴻章便極力主張三洋一統、分建合操。中央政府應有個研討戰略、統一指揮，以及籌畫預算、部署後勤的總機關。這本是順理成章之事，任何現代國家，都是少不了的，只是名稱不同罷了。例如英國的海軍部（Admiralty），德國和日本的「大本營」和「參謀本部」；今日美國的「五角大廈」（Pentagon），乃至目前北京和台北的「軍委會」、「國防部」一類的機構……，在清末，就叫做「海軍事務衙門」或「海軍衙門」了。

李鴻章本是個好權而又有責任心的幹才。在海軍衙門的醞釀期間，他本來就當仁不讓的。可是這次卻由不得他了。在大清國海軍成立之初，那些自視爲統治階級的滿族親貴，早已虎視眈眈。本來湘淮軍之崛起，他們已感到切身威脅。海軍再起，他們就不能再讓漢人掌握了。不幸的是，兩百多年的榮華富貴和游手好閒的生活，早把這個高踞統治階層的少數民族，腐爛得無可救藥了。上文已述之，海軍是多麼技術化的現代兵種。這種腐爛的滿族親貴，如何能插手其間呢？

但是現在這個「海軍衙門」可就不同了。它是個高高在上，設於皇城之內，外表上似乎只是個專門管人事、管錢包的大「衙門」！而這衙門所管的海防經費，動輒百萬。在他們的眼光裡，這衙門是比大清朝廷之內的六部九卿，朝廷之外的督撫司道，任何一個衙門都更要有銀子的新衙門。總之，在大清官場中，海軍衙門是一個最「肥」的大「肥缺」。親貴們是絕不能放過的！

大清王朝發展至此，也可說是「氣數已盡」吧！就在這緊要關頭，那個比較賢良而識大體的慈安太后，忽於光緒七年（一八八一）離奇病死。慈安是慈禧所最爲敬畏的正宮娘娘。慈安一死，這個姨太太出身，個性又潑辣狠毒的慈禧皇太后，大權獨攬，漸漸的便原形畢露了。

三年之後（一八八四），她就把恭親王奕訢趕出總理衙門。奕訢是總理衙門（中國第一個外交部）的創辦人。二十多年與洋人折衝樽俎，使他頗諳外情，是當時中國少有的開明政治家，同治中興的名臣之首——沒有他，慈禧也做不了皇太后。所以他也一直是慈禧所敬畏而嫉妒（僅次於慈安）的第二號人物。恭王一去，慈禧在朝中便肆無忌憚了。

在這種政潮中，居心叵測而推波助瀾的，還有個舉足輕重的洋官僚赫德。赫德是英帝安插在中國官僚體系（Chinese bureaucracy）之中的一個公開的間諜。他掌握了中國的關稅。中國政府向外國購買船砲，支票要由赫德簽名。他不是袁世凱的古德納；更不是蔣中正的端納。他在中國官僚體制中，是有其一言九鼎之權威的。加以他在中國官場廝混數十年，早變成中國政治的老油條。吹牛拍馬，縱橫捭闔，無一不會。以一個白色帝國主義在中國政治中的代理人，再加上熟諳中國官僚的那一套，這位洋大人也眞是「雙取驪龍頷下珠」，爲中外少有的梟雄。

前文已略言之，在中國海軍成立之初，他就設法排斥其他列強（美德法）在中國的影響力，而要把中國海軍變成大英海軍的附庸。他這項陰謀，慈禧和她的近支「懿親」像醇親王奕譞（慈禧的妹婿、光緒的生父）等人，哪裡知道呢！可是李鴻章和恭親王奕訢，就洞若觀火了。不幸恭王早就是慈禧的「劉少奇」，遲早是要滾蛋的。他自身難保，也就顧不得什麼海軍了。而李鴻章卻是慈禧的「周恩來」，是個少不了的人物。他一要效忠大清，二要自己抓權。他對赫德的陰謀就要加意防範了。朋友，我們如設想使周恩來和李鴻章，易地而處，他們二人的棋路是不會兩樣的。

李、赫交惡突出醇親王

爲防制赫德搞鬼，鴻章乃拿出他那套以夷制夷的看家本領，密遣原任馬尾造船廠總教習的法裔洋員日意格（Prosper Giquel）和原任天津海關監督的德裔洋員德璀琳（Gustav Detring）暗中加以監視，要他們向他告密。日、德二人得令，那眞是忠於職守。因此，來自柏林和巴黎的小報告，把赫德的詭計，一一揭了底（周恩來也會這套嘛）。

不特此也。那時奉華府之命，前來中國協商開放朝鮮的美國海軍司令舒菲特（Commodore Robert W. Shufeldt），日久也變成李鴻章的情報員。舒氏原是直接去朝鮮辦交涉的，但朝鮮王口口聲聲自稱他「本朝爲大清之屬國」，外交未便作主云云。舒氏只好到天津去找李鴻章。李鴻章對付洋人（和周恩來一樣）是有其魅力的。加以美國人當時對中國十分同情。因此，舒氏也變成鴻章防制赫德的顧問。

但是赫德又豈是省油燈？你搞以夷制夷，他也會搞以華制華，尤其是以滿制漢。他知道太后要以滿人掌海軍；他也知道和「小六子」恭親王爭權的「七老爺」醇親王奕譞，早就對「海軍衙門」這個大「肥缺」垂涎欲滴；他更知道他自己的話對那無知、擅權和恐洋的慈禧，有一言九鼎之力。他如發動使醇親王出掌海軍，那麼他的政敵李鴻章，也要舉雙手贊成。因此，他就公開建議以醇親王出任「海軍衙門」的總理大臣——此議一出，連啞子吃黃連的李鴻章，也得搶先保舉。一八八四年（光緒十一年）醇親王奕譞就正式受命爲「海軍衙門」的總理大臣了。外行而顢頇的醇王當了海軍大臣，李鴻章就要靠邊站；那手握錢包的赫德也就擠向前排了。

醇親王是個什麼東西呢？他是：道光皇帝的第七子；咸豐皇帝和恭親王的胞弟；同

治皇帝的胞叔；光緒皇帝的生父；宣統皇帝的祖父；後來當上攝政王載灃的爸爸。

但是這些血統關係中最重要的一環，還是他的婚姻：他老婆是慈禧皇太后的妹妹。就因爲這一條不平凡的裙帶關係，他才當上了皇帝的爸和皇帝的爺；而最糟糕的，卻是他憑這條關係擠走了奕訢，當上了海軍衙門的總理大臣，作了李鴻章的頂頭上司。自此大清政局就是清一色后黨的天下了。

醇親王這個大清帝國中的首席大貴族，頭號紈袴子，懂得啥海軍呢？因此，海軍衙門抓在他手裡，就不成其什麼「參謀本部」、「神經中樞」和「五角大廈」了……。可是反過來說，這個「大肥缺」對他的服務，那可就說不盡了。

奕譞當時是北京城中生活最豪華、最糜爛的親王。眞是所謂把銀子當水一樣的去花掉。但是除掉他爸爸和哥哥所給的有限的賞賜之外，他哪有那麼多的銀子，去經常地維持他那奢靡的生活呢？那就靠以不同的方式去貪汚了。因此，所謂「醇邸」是其時中外咸知的最大的一個貪官汚吏。但是當貪官汚吏，也總得有個地盤。所以海軍衙門一旦落入這一個大貪官之手，那就不堪想像了。

不特此也。醇邸既然掌握了這樣一個大「肥缺」，滿族親貴中的餓鬼，也跟著一哄而來。更不只此也。那時開支浩繁的皇族帳房內務府也在鬧窮。那生活日趨奢靡的半老的太后，卻捨不得花私房錢。醇王等爲著奉承太后，把她許多大小的費用也都開銷在海軍項目之中了。一人得道，雞犬升天。醇邸既然抓到海軍衙門這個大肥缺，親貴無不歡喜——老太后也覺心滿意足。

李鴻章原也是「后黨」中的一個「周恩來」，對老太后奉承之不暇，何敢「忤旨」?!如此上下交征利，軍備競爭管他娘，中國海軍的發展就不可復問矣！

清皇室房地產巡禮

讀者如不憚煩，我們不妨再把這個腐爛的帝后生活淸查淸查。看看他們究竟擁有多少房地產，以及如何管理這些財產，再及其他。

暫且把「故宮老檔」放在一邊，權以遊客身分來看看他們留下的皇家房地產。且從故宮開始：

在紫禁城內，他們擁有九千九百九十九間雕樑畫棟的宮闕。這些都是木結構的建築。三年不維修，就難免坍塌。余遊故宮，遇一洋老太婆驚奇地告訴我：「They are running down!」（這些房屋都在倒塌呢！）我安慰她說：一萬間只少一間嘛！要全部維修，你們的布希總統也花不起這筆錢呢！

禁城宮殿之外，還有數不盡樓台亭閣的「三海」。今日除那由李連杰當「保鑣」的「中南海」之外，其他也都running down了。這兒讓我們查一查檔案：在海軍衙門成立之後，李鴻章爲著購買快速巡洋艦，向海軍大臣醇親王奕譞簽請撥款。醇親王不但未撥款，反而批覆說：「三海」快running down了，老太后無處乘涼，還要請李中堂自海軍購艦項下，稍助微款，以表對聖母皇太后之忠藎。李鴻章果然是忠臣，就撥了三十萬兩，「助修三海」。

「三海」（中海、南海、北海）之外，還有個人間天上的頤和園。關於頤和園的故事就說不完了。留待後敍。

頤和園之外，北京東西郊區，還各有縱深百里的東西皇陵各一座。甲午前後，慈禧正在「東陵」建造她自己的陵墓「普陀塔」——這便是後來孫殿英盜墓的地方。孫氏不但把它炸破，還拖出了老太后尚未腐爛的屍體。並有迷信而兼性變態的士兵，要對她的遺體進行「屍姦」。眞是不堪想像。

余與何炳棣兄一次同訪普陀塔，見其「享堂」斑駁不堪。詢之故老，才知這享堂樑柱和天篷，原由黃金數千兩塗飾而成。其後塗金爲軍閥士兵「刮」去，故顯其殘破也。再搭「遊十二號」火車（車票不足十美元）去承德，一覽「避暑山莊」和它的「外八廟」。山莊之內的塞外江南，固無論矣。單是外八廟中某一屋頂的金飾，便用掉黃金一萬五千兩！——不睹帝后之居，焉知帝后之奢靡。光翻「老檔」，隔靴搔癢也。至於「奉天」之陵寢，江南之行宮，毋須多贅矣。

以上那大宗房地產（恕我大不敬用個市場經濟的名詞來形容皇帝），都屬於皇帝一人。請注意一人二字。天無二日、民無二王。皇帝只許有一個。誰當上皇帝，這財產就屬於他一人。他的父子、叔伯、兄弟、姊妹全無份——雍正爺當了皇帝，他的親兄弟阿其那、塞思黑等人，只能做做奴才，和奴才的奴才。這大宗房地產中，他們半片瓦也分不到。分不到足夠的皇產，但他們都無錢而有勢，就都變成吸血吮髓的無所不爲的親貴餓鬼了。至於和「皇帝」一齊來的榮耀、權威和美女，那就不必多談了。所以四海之內的華裔同胞誰不想「做皇帝」？爲著做皇帝，英雄好漢們不惜弒父殺兄，不惜一切手段而達其目的。做上皇帝的人，最怕的則是別人也想做皇帝。誰再想做皇帝，那就是十惡之首，大逆不道，被抓到了就要「寸磔」，就要「凌遲處死」。

毛主席他老人家對做皇帝也最有興趣。他指指那一大片黃色的房地產，告訴尼克森說：「我就是『他們』（皇帝）的繼承人。」那是他老人家向無知的毛子們吹牛呢！試問這大片房地產，有那一片黃瓦是屬於他姓毛的？他老人家也確是有榮耀、有權威。但是想親近親近美女，那也只能搞搞偷雞摸狗，妃嬪成群的「春宮」是享受不到了——當上萬歲爺還是上無片瓦、下無立錐；喜愛美女，也只能偷雞摸狗，那還是什麼皇帝呢?!吹啥牛，做「他們的繼承人」呢?!

讀者賢達，這就是在下不厭其煩，所說的「轉型」的問題了。皇帝是我國歷史上，兩千年未變的一個「定型」。這個定型在鴉片戰後，搞不下去了，它就開始「轉型」。但是百足之蟲，死而不僵。辛亥之後，又已「轉」了半個世紀，才轉出個毛「主席」來。主席雖然也是皇帝！但只能算是「半個皇帝」，已如上述。等到鄧上皇御駕「南巡」，小平就只能做做「四分之一的皇帝」了，雖然《紐約時報》還在不斷地尊稱他為「皇帝」。迨鄧皇晏駕，要繼續搞八分之一、十六分之一……恐怕都很難了。繼起者如有歷史眼光，像蔣經國那樣，順水推舟，另一個百世可知、千年不變的新「定型」，可能很快就會出現了。筆者這項樂觀的推測，自以政治制度爲限。至於社會經濟和文化的另一定型，如何出現？機運如何？自當別論。得機再細研之。

四萬兩銀子一天的宮廷生活

現在言歸正傳，把時間再推回一百年，看看「甲午戰爭」前後的晚清宮廷的生活實況。

俗語說：「一雙象牙筷配窮人家。」因爲你既然有一項奢侈品，你得拿另項奢侈品去「配」呀！這樣連環「配」下去，就沒個止境了。皇室正是如此。你已有九千間華麗的宮殿，你還得有對等的金玉珠寶、綾羅綢緞、山珍海味、宮娥釆女和千萬個大小太監去「配」呀！這也就沒個止境了！

康熙皇帝曾說過，他宮廷一年的用度，還抵不上明朝皇宮一日之費也。他老人家所說的只是他自己啊！他如從棺材裡爬出來，看看他那五世孫媳葉赫那拉氏的排場，他就不能誇口了。據李蓮英的接班人，滿清王朝最後一任總管太監小德張的回憶：慈禧皇太后當年一天的生活費，大致是紋銀四萬兩！

這個數字意味著什麼呢？試把它折成實物就知道了。那就是宮廷半月之費，就可買吉野級巡洋艦一艘。兩月之費，可購一超級主力艦。一年之費，至少可以裝備一支，高踞全球六七位的海軍艦隊。

再反過來說。為維持這位老太婆的奢靡生活，一年之中我們每半個月要賣掉一條巡洋艦；一年要賣掉一支海軍，才可馬虎應付！

或問：這個老太婆哪能用掉這許多錢呢？曰：她老人家場面大嘛！不信且從那九千間大宮殿再算一下。四萬兩一天也不算多嘛！再者，辦事的官員還要貪污中飽呢！——溥儀不是說過，他五歲的時候，一個月要吃掉八百一十斤豬肉，和二百四十隻雞鴨嗎（見溥儀著《我的前半生》）。他的雞鴨可比我們吃的昂貴得多呢！

據康有為的調查，清宮中一切的用費都是三七開。那就是報銷十成之中，三成是實際用費；七成是層層經手人的分潤，這是例規。至於那三成是否是真的用費，還要待考。例如西太后在頤和園賞王公大臣看戲。怕露天有陰雨，要搭個「涼棚」。這涼棚搭掉三十萬兩。三七開，則涼棚實際用費是九萬兩。一個涼棚要九萬兩銀子？那就天曉得了。

總之，那時宮廷中的貪污是沒命的，也不是常理可以推測的。例如左宗棠在新疆立了大功，返京兩宮召見。太監們要左氏出陛見關節費三千兩。左宗棠這個「彭德懷」不出。可是李鴻章這位「周總理」爲顧全大局，就代他出了。後來左宗棠將軍奏對稱旨，慈安太后大爲感動，乃賜以先帝（咸豐）墨晶眼鏡一副，以獎有功。誰知太監公公捧旨頒賜時，按例又要索禮金數千兩。可是這位「橫刀立馬」的「彭大將軍」，一氣之下，「先帝眼鏡」也就不要了。又是我們和稀泥的「周總理」，爲顧全大局，替大將軍出了半價買下了事。（見《李鴻章年（日）譜》）

朋友，人總歸是人。人類的武器已從石斧、弓箭進化到原子彈。但是人類的「社會行爲」（social behavior）則變化不多也。余讀《史記》、《漢書》，余亦讀近代、現代、當代中國史也。標點符號打起來，今文古文之雷同，不可勝數也。豈小子性好以古比今哉？

周恩來做了二十多年的終身「宰相」。李鴻章也做了二十多年的終身「國務總理」。同爲歷史家、政論家譏爲無行的不倒翁。但是沒個周總理，哪有今日的小平中興和唐樹備訪台？沒個李宰相，八國聯軍期間，大清帝國沒那個好下場啊！不佞曾慨乎言之，並曾蒙老友徐乃力教授，同情過獎也（見上引《論文集》頁二九、三三）。周恩來說，他當了二十多年總理，無時無刻，不是臨深履薄！俾斯麥曾暗喻李鴻章只會打內戰。鴻章向老鐵血喟然嘆曰：「與婦人孺子共事，亦不得已也。」（見同上。只辭句稍有不同，然余亦聞之於更可靠的淮軍耆舊之口述歷史也。）歷史家臧否「古大臣」，可不慎哉?!

老太后不如小阿巴桑

以上所述雖只是一窩小故事，但一葉知秋，從小看大，我們也就知道這個太后主政的王朝是個什麼東西！它縱在帝王時代的傳統中國裡，也是個「亡國現象」。這種中世紀的爛王朝配不配在「現代」世界上與列強爭雄?!

至此我們不妨再看看我們的敵人是什麼回事。前已言之，明治天皇登基時原無一兵一卒。日本那時是個農業小國，落後不堪，沒幾兩銀子好籌也。然維新之後，面向大陸，全國處心積慮，舉朝臥薪嘗膽，立志要奪我大清的錦繡江山。購買「吉野」的銀子不夠，明治皇娘把僅有的首飾都捐了出來——她這個小阿巴桑，哪能跟老太后比，沒幾件首飾呢！

其後我們一賠就是兩萬萬兩。這小日本婆子，一本萬萬利，豈偶然哉？豈偶然哉？至於天皇陛下那幾位大敗我軍的海軍將領，伊東祐亨（Ito Sukeyuki，亦讀Sukenari，前引《論文集》記爲伊東亨佑應係筆誤，見頁三〇五、三〇八）和東鄉平八郎（Togo Heikachiro，一八四八～一九三四）都是自視超人的「藩士」（原「武士」）出身——我們蔣老總統最佩服的「不成功，便成仁」的死士。東鄉也是個小格林威治。在英國海校與海軍中搞了七年之久，與嚴復、劉步蟾等同學。下段有空檔，再補敘之。

總之，敵我相比，清日戰爭的前途如何，那時如有電腦，一撳電鈕，何待蓍龜?!孫子說：善戰者要「不戰而屈人之兵」。殊不知善敗者，未待交鋒，也早就一敗塗地了。何待槍響?!

抑有進者，清廷腐化，慈禧老太后不過是冰山的尖子罷了。太后之下，還有近支親貴，遠支宗室，乃至整個滿族構成的吃糧不當兵的統治階層，和漢人也有份的龐大無能、昏聵顢頇的整個官僚體系！

先看所謂旗人。一六四四年吳三桂引清兵入關時，滿軍八旗加漢軍旗和蒙旗，全民皆兵，男女老幼（今日所謂軍眷）蓋有三十餘萬人。且用個中共的名詞，他們的軍需給養是實行一種「供給制」——中共的解放八旗，在進城前也是如此的。

那時既然所有的「旗人」都是兵，所以所有的旗人都「吃糧」。後來再經居心不良的漢奸代爲策畫，旗人縱不當兵也照樣吃糧。因而有幸生爲旗人，呱呱墜地時便開始領退休金、養老金，一領領了兩百多年，終於把一個勸勞尚武的邊疆少數民族，大半變成了通都大邑裡，游手好閒、吃喝玩樂的「懶滿」（不是懶漢）。但是這些懶滿的生活費是哪裡來的呢？那就靠原是八旗大軍的後勤總司令部的「內務府」了。

所以滿清時代的內務府所管的錢包，一般都比「戶部」（國家財政部）所管的要扎實得多。對上它是皇帝和后妃的帳房、私府。管皇室衣食住行和玩樂。對下面的那些滿族（和旗人）的無業游民來說，那它便是他們的衣食父母。且看我們近代中國最偉大的文學家，《紅樓夢》的作者曹雪芹，晚年便是個靠內務府過活的無業旗人（曹霑和內務府的關係，紅學家還大有文章可做呢）。

但是戶部自有來自各項稅捐的「國庫收入」；內務府的錢又是哪裡來的呢？這原是清史裡還未完全解答的問題。可是簡言之，在清軍於一六四四年入關之前，它原是八旗的軍需署嘛！入關以後場面大起來，清承明制，在財政上，內務府幾乎與戶部平分天下。丁銀（人頭稅）、地銀（錢糧）統歸戶部，但內務府有時也有一份！特殊稅收如粵海關、滸墅關，部分鹽茶絲瓷等稅收有的就直接劃歸內務府了。此外滿人入關後直接承繼了明朝的皇莊土地，還無限的圈地（圈無主與有主的土地）爲皇帝的私產。因此大清皇帝也是大清帝國之內的第一號大地主。但是再大的地主的地租也養活不了一個皇帝，所以皇帝另一項最大的收入，便是「升官發財」了。皇帝是一國最大的「官」，他也就發最大的「財」。

公開的賣官鬻爵

在清朝做官（縱使是清官），也有「陋規」可使你發財。贓官就不得了也。他們看「缺」，缺愈「肥」則錢愈多。

做皇帝也有陋規。縱是再好的皇帝，像唐太宗、像康熙，陋規（如地方官之進貢）也可使你富甲天下。「贓」皇帝那也就不得了也。他可賣官鬻爵。官論「缺」，「缺」愈「肥」則價愈高也。俗語說：「一任清知府，十萬雪花銀。」但是一任「贓知府」，那可能就能賺幾十萬乃至百萬了。皇帝或太后要把這個百萬「肥缺」的「官」，「賣」給有志作「贓知府」的人，那索價該在數萬兩吧！

清末賣官鬻爵是大小不分的；它也是根據市場經濟原則，公開貿易，自由競爭。上述嚴復，水師學堂幹不下去了，一怒便去「捐」了個監生（秀才），參加鄉試，考舉人。「捐」也者，「捐款救國」也；「捐助軍費」也。嚴復大致「捐」幾千兩銀子或幾百簍茶葉（叫「茶捐」）吧！咱們敝國中央政府，幹這項買賣，是從漢朝就開始的，打那個混帳的匈奴嘛！筆者幼年也曾慷慨的「捐款救國、獻機祝壽」，「捐」過五塊袁大頭，買飛機去打那混帳的倭奴。雖然我並不是爲著一張小學文憑（監生）而捐的，其捐則一也。捐可捐給國家；捐也可捐入私囊。

以上是明盤。另外還有暗盤。

「劉六痲子（銘傳）打台灣」，建了大功。死後官頒諡法。禮部主持部門乃暗問死者家屬，如肯多花萬把銀子，便可讓死去的功臣，「戴一頂『草帽子』」。劉家認爲這頂帽子太貴不肯出，因此劉銘傳就變成「劉壯肅公」；肯花錢，他就會變成「劉莊肅公」。「壯肅」、「莊肅」之別在哪裡，年輕讀者如不知其妙處，去問問國文老師（台灣）或古漢語老師（大陸），就明白了。

在那帝王專制時代，所謂「謚法」，便是對死去功臣補發的一種「勳章」。連個死人的勳章，都要按等級賣錢，則孟子所說「上下交征利而國危矣」，也就發展到最高限度了。

親貴「執政黨」是腐化的核心

總之，大清王朝發展至此，是眞正的「氣數已盡」。它的國家機器已完全鏽爛成一堆廢鐵，而在這廢鐵堆中還在操縱把持的，便是愛新覺羅皇室，和那窠滿族親貴了。

須知滿人入關之時，爲羈縻漢人，曾有不成文規定，全國高官厚祿，滿漢各分其半。但是漢滿人口的比率，則至少是兩千萬比三十萬啊！以中國之大，高官厚祿職位之多，只有三十萬人口的滿人竟佔其半，則滿人中之有知識有能力者，也就無人不官了。因此吾人如果把這個享有特權的滿族，整個一「族」，看成個一黨專政的執政黨，則每一個「滿人」，和附屬於他們漢人「包衣下賤」和若干蒙人所謂「旗下人」，不論賢愚，都是享有特權的「黨員」。只是他們「黨員」、「入黨做官」的資格是天賦的，毋須搞

「表現」，更不要走後門罷了。

可是事到如今，大清帝國這個執政黨，專政了二百多年，現在是徹底的腐爛了——在國家急需現代化，尤其「國防現代化」的緊要關頭，他們就變成最大的反動勢力了。這個反動勢力最主要的根據地，便是這「最大的肥缺」，爲醇親王所盤據的「海軍衙門」了。

不過話說回頭，搞同治中興、搞自強運動，那些科甲正統出身的清末名臣，自林文忠公以下的曾、左、李、胡（林翼）、沈、張（之洞）、文（祥）、陳（寶琛）、劉（坤一）等人，都不失爲桀桀大才。老實說，後來我們及身而見的國共兩黨之內的高幹黨官，有幾個能和這大群翰林進士之中的「文」字輩人物相比。——文字輩是指他們謚法中嵌入個「文」字的高幹，如林「文」忠、曾「文」正、左「文」襄、張「文」襄、李「文」忠等等。

須知這批文字輩人物，都是我們華夏文明的範疇之內，優良文官制度，那一個「定型」中所培訓出來拔尖子的精華。他們的不幸和失敗是上帝安排的；是時代變遷的結果——他們那個「定型」是個有待「報廢」的型態。加以「君爲臣綱」，王綱解紐，他們縱有天大的本領，和至高的公私德行；但是形勢比人強，一切努力也是徒然。

至於我們國、共兩黨的高幹呢（包括老毛老蔣自己）?!他們多半都是「歷史三峽」裡某一、二階段中過渡性的官僚，他們不屬於任何一個「定型」；也沒個「定型」好屬。他們之中有的還是滿口孔孟的。但是他們的孔孟也缺少個「定型」。既不屬於上述文字輩那類型態；也不屬於杜維明式的「後西方」（Post-Western）那一類，而是屬於未定的「過渡型態」（transitional pattern）。他們之中也有滿口民主的，可能包括當今海外全部民運人士。其實他們只是嚮往民主。嚮往於英美傳統（Anglo-American tradition）的民主。屬於自己的民主型態還未出現呢！此外，還有仍在高喊社會主義的高官。他們的祖師爺列寧、毛澤東堅持了數十年，最後還不是給徒子徒孫「開放」了。現在哪能輪到他們再反水，來做孤臣孽子呢？這些當然都只是些略有瓜葛的題外之言，將來歷史自有客觀定論，無待饒舌。

在「昆明湖」裡辦「海軍學堂」

現在還是談談老太后和她的「頤和園」。

據說同治初年兩宮垂簾之時，二十來歲的青年寡婦，可能由於禁城之內深宮太悶，她們曾往劫後的圓明園廢墟憑弔一番。西后睹物傷情，曾對之垂淚，並有意加以修復。事爲恭王所阻。蓋內戰方殷，外患未已，哪有閒錢來重建花園呢！

迨同治崩殂（一八七四），慈安亦逝（一八八一），恭王見黜（一八八四），五十歲的西太后大權獨攬，在新任海軍大臣醇親王奕譞以次的王公大臣，一片阿諛聲中，她就坤綱獨斷，決定重修名園爲郊外遊憩之所了。

西后原意是重建圓明園。但是圓明園爲洋兵燒成荒坍一片。從頭建起，蓋需款三萬萬兩，才可恢復原貌。既然一切需從頭建起，那又何必拘迷於圓明園故址呢？西后經臣工聚議，轉而注意於，雖爲洋兵燒燬，然尚有若干孑遺的「清漪園」了。反正都是從頭來起，清漪園的條件且較圓明園爲佳。西后乃決定將清漪園改名頤和園，就加工擴大改建了。改建的初期預算是白銀一萬萬兩！

這個預算令人感嘆的則是，它可用以增建十支「北洋艦隊」而有餘。但是「北洋」對一位無知而潑辣的老寡婦，未免太遙遠了。建個園子解解孀居禁宮之悶，那才是當務之急呢！

頤和園工程是一八八四年正式開始的。這時光緒帝載湉已十三歲。西后的打算顯然是，五年之後園工可完成，而光緒十八歲親政，她就可以第二次（第一次在一八七三年同治親政之時）結束垂簾。把日常朝政交兒子去管，她自己就可以長期住園，對軍國大事遙控之外，平時就頤養安和了。換言之，建這個園子的目的，是為她「離休」（再用個大陸上的名詞）後的生活打算的。西后生性奢靡。她原是那豪華的圓明園內一位得寵的姨太太。現在做了太后，身為大清女主，與大英帝國的女王維多利亞（Queen Victoria）東西遙相呼應。生活自不能較當年的懿貴妃為差，所以她要傾全國之力，來為她造頤和之園！

慈禧本是個精明強幹的王熙鳳。在十九世紀的六〇年代垂簾之初，她就賣官鬻爵，累積私房錢。俗語說：「富不了光棍，窮不了寡婦。」這寡婦當然只是指「富孀」而言。葉赫那拉氏當時是全中國的第一富孀。經過二十多年（一八六一～一八八四），或明或暗地沒命的搞錢，據說在光緒初年她已積有私房錢兩萬萬兩——這是當時在華的高層洋人的估計。須知此時洋人（如赫德、如李提摩太、如丁韙良等等「中國通」）的消息，往往比局外中國人更為靈通。因為洋人的交際圈可直達恭王、文祥、翁同龢那一階層。一班中國文士，尚攀不到那麼高也。加以白話文尚未出爐，中國社會中尚無大眾媒體這個東西，而洋人在華已早有之。（參見Archie Bell, "I'll take those 50 million dollars," in *Ladies Home Journal,* Feb.1919. P.15,82 and Carroll Brown Malone, *History of the Peking Summer Palace under the Ch'ing Dynasty.* University of Illinois Press, 1934. The last Chapter.）

讀者或許要問：西后垂簾二十來年，哪能貪到那麼多錢？可是我們只要看看有高跟鞋三千雙的菲律賓寡婦伊美黛，大致就不會驚奇了。伊婆的私房錢大概十倍於慈禧吧！而菲律賓怎能與大清帝國相比呢?!況伊婆並未當政。

按理西后本可自建其園，但是愈有錢的寡婦，愈不肯花自己的錢。何況醇親王新得肥缺，正在力圖報效呢！從醇邸來說，趁報效的機會，也正可自撈一筆嘛！就這樣，醇王就開始挪用海軍經費爲太后造園了。這時爲國宣勞、日理萬機的老太后，也一天天的老起來。一八八四甲申是太后半百萬壽；再過十年一八九四甲午便是太后的花甲（六十）萬壽了。花甲是那時富貴人家，尤其是皇室最大的慶典。如何慶祝花甲，康熙爺、乾隆爺史有先例。老太后要循例照辦。拍馬屁的王公大臣，就更要錦上添花了。

爲著「萬壽」爲著「造園」，奕譞挪用了多少海軍經費，言人人殊；誰也不知其詳。大致至少是一千萬，多至三千萬也不算意外。至於利用「海軍」這個「衙門」和「海軍」這個名義，去另外搵錢，那就沒法估計了。

一般說來，百官爲效忠太后，「捐俸」四分之一，是當時醇府對下面的倡導。至於用海軍的名義，來「建軍祝壽」（和我們的「獻機祝壽」一樣），挖「昆明湖」，來「辦海軍學堂」，捐了多少錢，那就天也不知道了。

筆者幼年成長於老淮軍和新（皖系）軍閥的「眷村」之中（王揖唐原先便是我家的塾師，由先祖資助他三考及第，留學日本，返國後享有洋土兩重「進士」身分，終於坐上皖系二號交椅而最後淪爲大漢奸的），當年對「昆明湖海軍學堂」這項掌故是耳熟能詳的。我一直把它當成眞實的故事，直至在沙坪壩課堂中，聽了郭廷以老師的中國近代史，才知道是一大騙局！憤恨無已。

我家當年想必都捐過很大的款子去「建軍救國」的。老祖宗們可能也都不知底蘊。因爲當醇王發動這項騙局，連李鴻章也不敢拆穿。至於醇王爲著這個昆明湖中的海軍，強募惡化，究竟搵了多少錢，那就只有上帝知道了。今日尚有若干可以考據出來的，單是李鴻章和曾國荃往來的零星書信中可查出的便有：來自江蘇、江寧、兩淮的捐獻七十萬兩；江西十萬兩；直隸、四川各二十萬兩；兩廣（時兩廣總督爲鴻章之兄李瀚章）一百萬兩；招商局十萬兩等，即在二百萬兩以上。……至於直接獻給海軍衙門，和其他管道的全國性捐款究有多少？從一千萬兩到三千萬兩，總歸都不算太離譜吧?!

五分鐘打一砲，一分鐘打五砲

就在這造園、祝壽，並大辦其「昆明湖海軍學堂」之時，中日關係，密鑼緊鼓，以侵華爲第一目標的日本帝國主義，正在瘋狂地擴軍備戰。在甲午前夕，日本海軍已擁有新式艦艇二十一艘。其中九艘是一八八九年以後始完工下水的英德製最新型快速巡洋艦，裝配有十吋左右速射砲數十尊。前節所述那條世界最快的巡洋艦（時速二十三浬）吉野號便是一個有決定性的生力軍。當時世界軍備競爭激烈，日本海軍之迅速發展，足令歐美震驚！它從世界的末位海軍迅速竄升至第十一位；黃海砲響時，它的戰鬥力已早越我軍之上矣。

在這一國際軍備發展之下，我當時的反應又如何呢？第一敏感的當然是身當其衝的海軍將領了。丁汝昌不是如後來人想像的顢頇官僚。他是一位立志以身許國的戰將和「死士」。他雖是舊式水師出身（和日本的伊東祐亨一樣），但是在重洋之上，十六年不斷的磨練，使他對國際形勢和新的海軍戰略，也瞭如指掌（丁汝昌曾數度去歐洲和日本南洋等地訪問考察）。何況他手下的各艦管帶和大副等人，都是經過嚴格訓練，而精通外語的第一流世界級的海軍將領。外加數不清的「洋員」，隨艦服務。

他們眼看假想敵的日本海軍，咄咄逼人，一天天地超過自己；諸將生非木石，首當其衝，怎能不憂心如焚？他們都是職業軍人，知道在大洋之上作戰，以時速十五浬的慢船，對抗時速二十三浬的快艇，那自己只有挨打的份兒。打敗了，無法逃避。縱使打勝了，也無法追擊！克敵制勝，貴在知己知彼，李鴻章在其奏摺上，也一再轉述之。

他們更知道，在海上砲戰中，五分鐘打一砲和一分鐘打五砲的區別。敵人以快艇快砲，飆忽而來。一瞬之間，敵彈如疾風暴雨，臨空而下。再一轉瞬，敵艦又已逃得無影無蹤。你以十五浬的時速；五分鐘一砲的慢勁，眞是旣無招架之功，更無還手之力。烏龜對鯊魚，如何克敵制勝?!

不幸的是他們所具有的拔尖的「四化」專業，在那個顢頇無知、貪污腐化的官僚垃圾堆裡，完全被孤立了——在下者是急爛肝腸；居上者卻無動於衷。

丁汝昌和他的將領們，無專摺奏事之權。他們只有向李鴻章呼籲、陳情，請求「轉奏」。但是李鴻章這位慈禧太后的「周恩來」，和毛主席的周恩來，並無兩樣。李鴻章對國際局勢的認識，難道還不如丁汝昌、劉步蟾？可是他也知道，他上面那個無知而專橫跋扈的老潑女和周恩來上面的那個無知而專橫跋扈的老潑男，也並無兩樣。面對這種昏后暴君，他們知道「忤旨」、「強諫」不但無濟於事，後果有時且不堪設想。但是「和稀泥」和久了，以時間換空間，事情有時或可有轉變的機會。所以他們就和稀泥了！

李周二宰相，都是久歷宦途的太極拳師。他二人一前一後，豈好和稀泥哉？形勢比人強，亦有所不得已也。何況暴君之外，各自的朝廷也各有個「四人幫」（西太后的四人幫，筆者曾另有專文詳述之）。加以派系傾軋，幸災樂禍，所以李鴻章對自己部下的要求，有時連轉奏也不敢轉奏一下。因此，大清帝國的海軍在創辦之時，雖然曾火熱一陣子，把「四化」（科技）推到巔峰，躋身八強之列；由於「五化」（政治）不能配合，科技發展也必然走入死巷子。光緒十四年（一八八八）以後，正當日本海軍全力向前推進之時，中國海軍竟然「未購一艦」！

不特此也。就在中日雙方都已箭在弦上，戶部卻取得海軍衙門的同意，於一八九二年正式宣佈以太后萬壽需款，海軍停購艦艇二年！這正是甲午的前夕啊！

快艦買不成了，至少快砲也該多買幾尊嗎？朝鮮局勢吃緊，李鴻章循部下之請，要海軍衙門撥款六十萬，購快砲二十尊，以替代各主要艦艇上之慢砲，而戶海兩處，竟一毛不拔。李氏不得已，乃自海軍日常糧餉給養之中，擠出二十萬兩，聊購次等快砲十二尊，以平艦上官兵之積憤。

這種腐爛的政治，拖垮了新興的海軍，在前線劍拔弩張的將士，焉有不知之理？知道了，內心又作何反應呢？

朋友，我們讀史者和著史著，不妨設身處地想想嘛：假如你我也是當時海軍將士的一員，我們作何感想呢？據中西記載，丁提督那時憂心忡忡。他已作好心理準備，死而後已。

劉步蟾、林泰曾、鄧世昌……諸將領又何如呢？——他們三位後來都是自殺殉國的。據當時隨艦的「洋員」事後的回憶，甲午戰前，各艦之上的青年水兵（包括黎元洪吧），士氣極高，個個摩拳擦掌，準備廝殺；可是艦上的高級將領則個個面有憂色。這一現象因而使那些旁觀的洋員認爲，中國下級士兵水手戰士，可愛可敬；而他們的上級將領，則個個畏葸無能，膽小該殺（詳見下節）。

根據這些洋員目擊者唯一的記載（中文記載極少，幾乎沒有），我國後來的歷史家和新聞作家，幾乎衆口一辭把丁汝昌、劉步蟾以下的殉國將領，鄙夷得一無是處。豈眞如是哉?!這兒倒想以歷史事實，與本文讀者，平心再思之。

老李、老蔣得罪了「天下英雄」

北洋艦隊裡的下級軍官和戰士水兵砲手們，士氣之高是可以理解的。海軍那時是我國唯一的一支現代化武裝。親身參預此一新式武裝的青年戰士，無不感到光榮和自豪。其情況正和我國抗戰前，以及抗戰初期的空軍一樣，有志青年眞趨之若鶩。筆者自己在青年期，對空軍即非常嚮往。曾有三試三北的悲壯經驗。當時眼見青年夥伴，通過體檢，獻身空軍。我對他們的嚮慕之情，至今難忘——這些夥伴多半都是一去不返。把他們那無限美好的青年生命，獻給了祖國！

我國空軍當年士氣之高，作戰之勇，犧牲之大，史有明文，也有目共睹，無待多贅

——大清帝國當年海軍，正是如此。

下級戰士，披堅執銳，豪情萬丈，他們是知己不知彼的。

高級將領便不然了。他們是知彼知己。眼看敵人的軍備，早已超越我們；而我們朝廷之中的貪官污吏，捨黃海不要，還要在頤和園內雕其「石舫」，辦其「海軍」。眼看日人咄咄進逼，大戰迫在眉睫，而我軍砲慢船緩，既乏招架之功，更無還手之力，如何得了？日夕念及，能不五內同摧?!

朋友，你我如處此逆境，如何奮發？而況當年無知的言官御史，他們既不敢批評太后，亦不敢詈罵醇王。終日只抱著個他們並不瞭解的海軍將領丁汝昌、劉步蟾，作辱罵和譏笑的對象，揆諸情理，豈可謂平？（上引《論文集》中，莊吉發先生的宏文〈甲午中日戰爭期間翰詹科道的反應〉頁一六七～一九四，便頗值一讀。也頗能發人深思。）

再者，那時剛練習「親政」，新官上任三把火的小皇帝，對宮牆之外的世界，原不太瞭解，但是在翁同龢一批近臣的影響之下，也成爲主戰派的核心力量。皇上有所不知，當時大清帝國的基本問題，都扎根於宮牆之內。宮牆之內的問題不解決，則宮牆之外的任何維新變法，都是膚淺的、治標的。萬歲爺尚在童稚之年，見不及此。他插身其間，便慢慢地形成一個以翁同龢爲中心的「帝黨」。而帝黨的主要政敵，便是那以李鴻章爲首的「后黨」。帝后之間傾軋起來，倒楣的便是國家和人民了。當時一些文士所做的比較高雅的「順口溜」（和今天一樣），說什麼「宰相合肥天下瘦，司農常熟世間荒」，就指的是這個帝后與翁李之爭。李鴻章自知其陸海軍的無能，不敢輕言對日作戰。朝鮮問題發生了，他一意拜求帝國主義的俄英兩國出面調解。后黨的李鴻章愈是畏葸主和；帝黨的翁同龢便愈是堅強主戰。在這一情況之下，老太后也相信大清海軍既是世界八強之一，打不過紅毛番，至少打得過東洋鬼。所以她老人家倒沒有李宰相那樣懦怯。東洋人要打就打嘛！女老闆要打，男夥計怎能抗命？王家儉、王爾敏兩教授對老李都頗有正論。

在帝黨方面，那個小學還未結業的小皇帝，其主戰卻不在師傅（翁翰林）之下——翁是他的老師。他對老官僚李鴻章的畏首畏尾，則大不以爲然。老師的話就益發有力了。

再者翁李之爭，還多一層個人恩怨。

原來在太平天国之亂時，淮軍奉命增援蘇杭。這批只想「頂子紅」不怕「頸子紅」

的陳勝、吳廣，一旦打入「天堂」，豬八戒遊上海，亂來一泡，是可以想像的。那時受禍最深的當然便是蘇常一帶的地主豪紳了。

但是這批地主豪紳，原都在長毛久治下自保身家的。長毛又豈是省油燈？——這也是咱們中國人的特性吧！對統治者自會拍馬溜鬚。因此這些地主豪紳，對長毛也是歌功頌德的。這種「德政碑」縱遲至今日，仍有聳立街頭者。碑上題名自然都是各地的頭面人物，工農不與焉。可是一旦長毛革命政權崩潰，這些碑上留名的頭面人物，就有「通匪」和「匪諜」之嫌了。由於「通匪」或「匪諜」案子而被警總抄了家，你又能到哪裡去「按鈴控告」呢？倒了長毛，發了淮勇（湘勇），倒楣當然都是老百姓，尤其是那些「父子宰相、叔姪狀元」的閥閱之家和他們的宗親至戚了。但是啞子吃黃連，有苦難訴。這樣反應到朝廷裡去，就變成翁李不和的私人情結了——翁師傅對李宰相是唯恐天下不亂的。

所以近百年來，日寇之謀我，可說是無所不用其極。但是在我們抗日陣營裡，便不那麼單純了。對最上層的領袖們來說，「抗日」往往變成個政治皮球，讓他們踢來踢去。

今日青壯年讀者們哪知其詳？然吾輩老頭過來人，回首當年，固知除我輩當時青少年的學生和軍人，喊口號出諸肺腑之外，有幾個官僚政客黨官和失意文人（除掉「少不更事」後來坐了五十年大牢的張少帥），有幾個喊抗日口號，不是爲著「倒蔣」（或搗蔣）？——出難題讓老蔣過不去呢！「不可戰而戰，以亡其國……」（陳布雷有名的八股鉅著）；先亡老蔣，讓大家都出口氣再說。

這在清末，就要由老李來揹其黑鍋了——打敗仗，反正是老李一個人的責任！何以造成了這種局面？除掉民族劣根性之外，便是轉型期的末世社會，沒個規矩繩墨之可言。再說下去，那便是老李老蔣也不是好東西。他們縱橫捭闔、抓權攬位；享榮華、受富貴；扶植死黨、包辦朝政……得罪了「天下英雄」！

在這方面，那位和稀泥的周宰相，就比李蔣二人的人緣好得太多了。周氏之死，曾引得天下英雄、英雌，一掬同情之淚。冰心女士譽周爲「二十世紀第一完人」，固嫌過分；我的一些朋友們，罵周有「妾婦之行」，也是太偏了點。周公逝世時，筆者亦曾有詩悼之曰：「豈憂邦國成孤憤？究爲黔黎辱此身！」受胯下之辱，作妾婦之行，爲的是保護千百位無辜人士的身家性命，爲的是仰首哀嚎、嗷嗷待救的億萬生靈，則我不入地獄，誰入地獄？以血肉之軀，捨身而飼虎，固亦大丈夫之行也。子曰：「大德無虧，小節出入可也。」則史家臧否時賢，不能只搞小我的「孤評」。我們對那「自有是非」的社會「公論」(public opinion)，也應在考慮之列也。

＊一九九四年八月二十七日脫稿於台北南港

原載於台北《傳記文學》第六十五卷第三期

三、爲黃海血戰平反

爲著紀念甲午戰爭一百週年，在劉紹唐兄的囑咐之下，筆者已東扯西拉的寫了好幾萬言，至今還一槍未響，那還成什麼戰爭呢？事實上這問題正在此。

什麼叫做戰爭呢？西人有言曰：「戰爭」者，「政治」之延續也。不知「戰」前的「政治」，空談「政」後的「戰爭」，小兒科也。《漢書》上說：「曲突（煙囪——日本人至今還把煙囪叫煙突子）徙薪者無聞澤，焦頭爛額者爲上客。」——人家說他家的煙囪太直，要失火，應把柴木移開，他不聽。等到眞失火了，那些焦頭爛額的救火隊員，反倒大吃大喝。

我國的戰略家，也強調「廟謨」；強調「運籌於帷幄之中，決勝於千里之外」。諸葛孔明在「羽扇綸巾談笑間」，大江之上已「檣櫓灰飛煙滅」。關張趙馬黃跑斷了腿，終不若大戰略家，扁舟之上，輕揮羽扇也。——隆中一對、天下三分，豈偶然哉?!

甲午打敗了，那位責任最大的「李二先生」，被御史們罵成「漢奸」。朝廷也把他摘掉「三眼花翎」，剝掉「黃馬褂」，留黨察看。

朝中無人了。西太后不得已，又把小叔子恭王奕訢找出來，收拾爛攤子。不久，恭王也病死了。奕訢彌留時，太后著人去問「何可繼者」，曾提到光緒的老師翁同龢。恭王搖搖頭說：罄南山之竹，難書此大錯。他責怪翁同龢不該主戰。——不可戰而戰，一戰而敗，八強之一的紙老虎被拆穿，列強就開始在中國劃分「勢力範圍」(spheres of influence)；接著就要「瓜分中國」(cutting the Chinese melon)了。

最近老同班黃彰健院士與筆者咖啡敘舊，提到「甲午之戰」，彰健也喟然嘆曰：甲午之敗，影響太大了。大清帝國就垮在這一戰。黃公是當今搞甲午下一「階段」歷史「戊戌變法」的權威。從「戊戌」(一八九八)回看「甲午」(一八九四)，則這一戰是敗得太慘了。它也是大清帝國最後崩潰的關鍵所在。

砲上曬褲，太監閱軍

這一戰，當然李翁二公皆責無旁貸。不過，他二人究竟只是兩個個體人物。英雄未始不可造時勢。但在那個排山倒海、文化轉型的客觀潮流中，少數個體英雄，究不能使「歷史三峽」改道！

關於歷史三峽的具體情況，「身在此山中」的峽中舵手、梢公不知也。但是百餘年後的歷史家，乘著小飛機，於巫山十二峰之上，飛來飛去，俯瞰江流山勢，就一目瞭然了。——筆者前些年遊美西「大峽谷」（Grand Canyon），乘了一架小飛機，穿峽而行，即有此切身經驗。我國的三峽，至今還沒穿峽飛行的設備。筆者亦嘗乘輪而過。在船上搖頭四顧，前不見古人、後不見來者。仰看神女，坐井觀天；哪知歷史三峽的全貌，是個什麼樣子呢？

筆者不學，嘗一再強調我國現代化運動的「階段性」。我國現代化運動的「第一階段」便是洋務階段，也就是科技現代化的階段；甚至也可牽強地叫做「四化階段」，而在這一階段中最重要的一個人便是李鴻章（一八二三～一九〇一）。李鴻章搞「四化」

最大的表現和成績，便是他的寶貝「北洋艦隊」——從無到有，老李在二十年中把古老落後的中國，在軍事科技上提高到世界「八強之一」。成績不差呢！

四十年前我的老學長竇宗一（儀）教授，開始撰《李鴻章年（日）譜》（香港友聯一九六八年出版），我就隨他學習，鉅細靡遺，興趣盎然。自此此書便成我的「三上讀品」（枕上、廁上、車上）。三十年來把宗一贈書翻成一團紙球，讀猶未輟。

近年我母省安徽且設有專門機構研究李鴻章，並正編撰出版「全集」。余亦忝為「顧問」，尾隨學習，並拜讀不少前所未見之祕籍。年來復蒙中國駐聯合國（現駐美）大使李道豫伉儷（瀚章的玄孫）不時召宴，浸成好友。——這位頭戴三眼花翎、頭品頂戴的現任欽差大臣，在今日國際坫壇，以立場開明，頗享盛譽，大有文忠遺風！——所以，李鴻章對我們搞中國近代史的人，還不算太遙遠，其影響，猶一觸可得。但是，李鴻章畢竟是個悲劇人物。在他於一九〇一年十一月七日（陰曆九月二十七日）積勞而死之時，可說一生事業全付東流。其所以然者，便是他不幸生為這個「第一階段」的「總設計師」。在這個階段性極重的歷史發展上，第一階段是不可能「成功」的。

俗語說：「倒楣的醫生治病頭；走運的醫生治病尾。」在那個病愈害愈重的「病頭」期間，你當醫生不能「著手成春」，你就「倒楣」了。當那位病人已日漸痊癒，在這「病尾」期間，你一碗藥下，他立刻下床跑步，那你就是華佗了。

醫人醫國，李鴻章便是倒楣的前者；鄧小平則是「走運」的後者——但希望小平醫師有此鴻運也。

因此，李鴻章主持這個專搞科技的「第一階段」，而缺少個即將到來的「第二階段」的「政改」（「五化」吧）相配合，科技是必然沒有出路的。——一葉知秋，那個有名的「砲上曬褲」的小故事，就可說明老李搞四化的極限。故事是這樣的：

一八九一年（光緒十七年）七月九日，循日本政府之邀請，李鴻章特派丁汝昌率定遠、鎮遠等六艦駛往東京灣正式報聘。一時軍容之盛，國際側目。其後汝昌率六艦管帶劉步蟾等在駐日公使李經方陪同之下，晉謁日皇，備受禮遇。劍履鮮明，威儀棣棣，豈在話下。那時恭迎恭送，敬陪末座的日本海軍司令伊東祐亨和東京灣防衛司令官東鄉平八郎，就顯得灰溜溜了。東鄉原爲劉步蟾的留英同學，但是當東鄉應約上中國旗艦定遠號上參觀時，他便覺得中國艦隊軍容雖盛，卻不堪一擊——他發現中國水兵在兩尊主砲砲管上晾曬衣服。主力艦上的主砲是何等莊嚴神聖的武器，而中國水兵竟在砲上曬褲子，其藐視武裝若此，東鄉歸語同僚，謂中國海軍，終不堪一擊也。

其實東鄉所見還是皮毛呢！八郎有所不知，中國海軍於一八八六年第一次在黃海之上「大操」時，檢閱台上，直立於兩位海軍大臣奕譞和李鴻章之間，最重要的檢閱官竟是太監李蓮英！海軍是當時大清帝國最新的護國武裝，中華現代化的靈魂，而其最主要的檢閱官，竟是一位上無鬍鬚，下無生殖器官的刑餘閹宦，也就不太成話了。

能把個無知腐爛的太監放在海軍檢閱台上作檢閱官，那麼在主力艦大砲上曬幾條褲子，也就微不足道了。

總之，長話短說。建立現代海軍，參加列強的軍備競賽，不是單純的科技問題。牡丹雖好，還需綠葉扶持。只搞科技現代化，而我們的社會結構、政治組織、生活習慣、價值觀念等等，基本上還停滯在「中世紀」的落後狀態，要科技先生獨挑大樑來救國救民，是救不起來的。中山曰：「破壞難於建設！」但是不破不立。我們不把中世紀落後的遺傳從身上甩掉，現代化的衣履是穿不上去的。老實說，日本人之勝於我者，便是他們善於模仿，把中世紀的東方習俗徹底丟掉，全盤西化，所以西方科技對他們也就一拍即合了。

「大砲上曬褲子」是個笑柄嗎？君不見時至今日，我們的唐人街、中國城、華埠，哪一個不屬於各該都市中最髒最亂的（可不是最窮的）ghetto area呢?!今日仍然如此，何況當年。只是西人暗笑，我們自己不笑就是了。

其實褲子只是一件形而下的小東西，至於形而上的落後遺傳就說不盡了。我國海軍當年便被「省籍情結」這個「區域主義」的魔鬼牢牢纏住而不能自拔。前文已言之，當年海軍將校幾乎是清一色的福佬。那位「浮游於諸閩之上」的總司令安徽佬丁汝昌，有時就號令不行，一籌莫展。那位飲譽至今不衰的鄧大人鄧世昌，卻是個浮游於諸閩之中的老廣。他的英勇殉國的悲劇（見下節），據說與畛域觀念也有直接關係。畛域觀念是中世紀中國享有專利的壞傳統。它的幽靈至今不滅，今後還有大禍好闖呢！朋友，這也就是我國甲午戰敗之前的國內政治和社會的背景啊！

籌韓三策

即當日本正處心積慮侵韓，中日關係日趨緊張之時，中國總理衙門當軸曾有解決高麗的籌韓三策的構想。第一，他們曾提出「郡縣化」的方案。企圖把三韓屬國改成中國郡縣；把李氏韓王內遷。仿孔子子孫舊例（如今日的孔德成），設立「衍聖公」一類的機構，優待韓王，世襲罔替。此一設計，在滿清康雍乾盛世，或不難實行。然值滿清衰世，列強環伺，那就是夢想了。

第二，乾脆把三韓全部開放，造成列強機會均等、利益均霑之局。庶幾利用國際勢力平衡，保持韓國獨立，以防制日俄等帝國主義一強之獨吞。此策未始不可執行，然清室顢頇而自大，亦不能斬金截鐵，加以實施；而韓廷孱弱亦不具備獨立條件。宗邦一旦撒手，日本會立即取而代之。

第三，任其局勢自然發展，相機行事。此為下策。然清廷無能，只得聽任此下策之自然發展矣。

迨韓局日壞。一八九四年夏六月，清廷應韓王之請，始派總兵聶士成，續派提督葉志超率兵千五百名援韓，助平東學黨之亂。日本得訊隨即否認韓國為大清屬國，並同時出兵八千人赴仁川，以清軍為目標，虎視眈眈。——自此，日政府便不聽清方及任何第三國之調處，自組其大本營，成立戰時體制，不斷對韓增兵至三萬有奇。藉口「改革韓政」，實則志在驅除清方勢力，終結清日宗藩關係而兼併朝鮮。

面對日方此一咄咄逼人之勢，中國朝野譁然，廟謨清議幾乎一致主戰。是年七月中旬，牽千餘清軍孤懸牙山的守將葉志超，亦急電鴻章以「大舉進兵爲上策。派艦撤兵爲中策。守此不動爲下策」（見《年（日）譜》頁二六一，引李文忠公電稿）。然鴻章自知其陸海軍之無能，始終欲以「以夷制夷」的外交方式，牽制日本，乃轉電總理衙門建議接受葉電之「中策」。李氏此電對當時激烈之主戰派簡直是火上加油。「漢奸李二先生」頓時變成衆矢之的。而在此全國主戰聲中，則以生長深宮，只能聽近臣之言，作宸綱獨斷的二十三歲小皇帝光緒，尤爲激烈。——他的主戰情緒，其後竟發展到「賜翁同龢、李鴻藻、恭親王『尙方（寶）劍』，命對言和者先斬後奏」的堅決程度（見同上，頁二八九，註五〇二，引《淸實錄》三五二，及《字林西報》頁八六二，一八九四年十一月二十三日電訊）。如此一來，連慈禧太后也不願支持鴻章，輕言和議了。——這時他們母子之間的感情尙篤，而恭王猶在靠邊站也。

筆者昔年曾細查「鴉片戰爭」（一八三九～一八四二）時，道光皇帝之上諭，及「英法聯軍」（一八五八～一八六〇）時，咸豐皇帝之上諭，其後再看「甲午戰爭」（一八九四～一八九五）時，光緒皇帝之上諭，發現他們祖孫三人，應付此三次嚴重之外戰的心態發展，簡直如出一轍：

第一，在開戰之初，這三位萬歲爺總司令都意氣風發，堅決主戰。臣民有畏葸主和者，簡直是殺無赦。可是迨戰爭爆發，洋兵把清兵打得一敗塗地，萬歲爺又驚惶失措，抱怨當初主戰者，欺君罔上，誤國誤民，要他們提頭來見。最後對侵略者的要求又百依百順，恨不得青衣行酒。不惜一切喪權辱國的條件，但求帝國主義者，高抬貴手，刀下留情。（見拙著英文《中美外交史》序言）

因此，在甲午開戰之初，那位七十二歲的李老頭，便被那二十三歲的小上司，不斷辱罵，罵得狗血噴頭。翁同龢、李鴻藻等主戰派因乘勢鼓譟，要小皇帝撤換老李，甚或要向太廟請出專殺宰相的青龍刀，把老李正法。對日抗戰，由小萬歲御駕親征。

可是那時的大清帝國，一無策畫戰守、運籌帷幄的大本營或參謀本部；二無調度補給的後勤體制。帝國對抗日戰爭，可說是無絲毫準備。他們之所以不斷「主戰」者，無非要手握兵權的李老頭，赤膊上陣；率領他那批貧下中農組成的過氣「淮軍」；和那砲慢船緩的落後艦艇，去和東洋小鬼廝殺一番。——勝則大清之福；敗則老李砍頭；此梁啓超所謂李鴻章「以一人而敵一國」也！

〔附註〕李鴻章當年派往朝鮮的淮軍將領從吳長慶、葉志超開始，一大半都不識字。他們幾乎全是我鄉（當年合肥縣）的貧下中農。亂世投軍，砍得一身「刀疤」，大難不死。此時都是五六十歲之間、吃得胖嘟嘟的「一品大員」。可是，雖是高官，他們卻不失其視死如歸的英雄好漢的本色。且看聶士成，在八國聯軍期間，他以革了職的一品大官在前線指揮抗戰，腹爲洋砲所穿，腸流尺許，他還在揮刀衝殺，慘烈可知。至於葉大呆子（志超），個性之火烈、上陣之勇敢，筆者在孩提時代，便能敘其故事、仰慕不已——他家與我家爲近鄰。只是這種瓦崗寨上的英雄，能否打現代化的國際戰爭，那就是另一問題了。——志超後來落了個「斬監候」下場。

李鴻章久涉洋務，對此豈有不知之理。所以他雖奉諭不斷把這些土軍隊送往高麗，他的眞正顧慮，卻在海軍。「北洋艦隊」那幾條鐵船才是他寶貝，他的baby呢！——迨中日戰爭已箭在弦上時，他還要連電駐英公使龔照瑗，「設法購速率在二十三海里以上之最新式大軍艦」，同時並搶購「智利鐵甲艦二隻」以壯大我軍（見同上，頁二六二及二六八）。眞是臨渴掘井。

另一面鴻章則冒全國辱罵之大不韙，嚴令丁汝昌保艦避戰，不得冒險游弋大同江。在李氏看來只要海軍不敗，則陸軍雖挫，華北仍可無虞，京津安全終能確保也——他還是相信他的寶貝海軍，「攻雖不足，守則有餘也」。

誰知他還是過估了他北洋艦隊的實力。打個現代化的海戰，不能攻，便不能守也。結果大東溝一聲號砲，中國海軍便再也無法防守了。

豐島是珍珠港前身

中日「甲午之戰」的第一砲發自朝鮮西岸的豐島海域。接著才是陸軍的牙山之戰、平壤之戰，和海軍在大東溝的黃海血戰……，然後才一連串打下去的。本文限於篇幅，且略去陸戰而專談海戰，看看這場海戰眞相，究竟何似。

先談發生在一八九四年七月二十五日（陰曆六月二十三日）中日海軍的「豐島之戰」。

豐島之戰事實上始於日軍向我軍的「偷襲」。其偷襲性質與四十七年後日軍「偷襲珍珠港」，並無兩樣。因爲此時中日兩國關係雖甚緊張，然雙方仍在交涉，並未進入戰爭狀態，日本就罔顧國際法，突然偷襲起來，一舉擊沉我運兵船高陞號，並在海上射殺我軍七百餘人。——其後食髓知味，在珍珠港他就如法炮製了。在珍珠港美軍被偷襲，遭射殺與沉溺而死傷者約三千七百餘人。兩次偷襲，倭人均甚得手，然結果相反，也是日本侵略者，多行不義的因果報應吧！

豐島之戰的經過是這樣的：

一八九四年七月下旬，李鴻章奉諭向朝鮮增兵備戰。七月二十二日濟遠艦管帶方伯謙乃奉命率濟遠巡洋艦（重二三〇〇噸、砲二十尊、時速十五浬）及威遠（一二六八噸、鐵骨木殼、砲十二尊、時速十二浬）、廣乙（千噸、鐵骨木殼、砲三尊、時速十四浬）兩船，護送運兵及輜重給養去朝鮮牙山增援。

抵步後，方管帶以時局緊張，乃令威遠夤夜先歸（旅順）。方氏自己則率濟遠，待廣乙入口拖駁事畢，於七月二十五日黎明，始啓碇返防。二船剛出漢江口，即見日本鋼質巡洋艦三艘取勢而來。這三艘日艦分別是：

吉野（重四一五〇噸、兩吋裝甲、六吋速射砲四尊、四・七吋速射砲八尊、魚雷發

射管五條、時速二十三浬）

浪速（重三六五〇噸、不同口徑速射砲八尊、魚雷發射管四條、時速一八．六浬）

秋津洲（重三一五〇噸、不同口徑速射砲十三尊、魚雷管四條、時速十九浬）

按國際慣例，在非戰爭時期兩國艦艇在公海相遇，禮應相對鳴砲或鳴笛「互敬」（exchange salute）。然此次日艦取勢而來，方管帶立見其來意非善，即下令備戰。果然日艦駛近萬礁時，吉野突發號砲一響，三艦乃直撲濟遠；速射砲彈如雨下。我艦倉卒應戰，然優劣勢殊，衆寡不敵，勝負立見。

當砲戰初起時，管帶方伯謙、大副沈壽昌（上海人）正並立於主桅之端的望台上，指揮反擊。瞬間沈大副頭部直接中彈，腦漿迸裂，濺染方氏衣裳。立於前桅望台之二副柯建章亦爲敵彈擊中，胸腹洞穿。斯時艦上將士亦傷亡枕藉，計陣亡十三人，傷者四十餘人，一艦皆血。然我將士並未停止拚搏。一小時之糾纏，我艦連發四十餘砲。日艦浪速竟爲我連續擊中而傾斜失速！

在此一小時拚搏之中，慢說我濟遠以一船敵三艦，縱是以一敵一，我艦亦非其對手。我廣乙船太小，自始即難參戰反擊，在倉卒脫離戰場時，終於擱淺自焚。濟遠官兵自知亦難久戰，據說曾詐懸白旗，衝出包圍圈向西南逃避。日艦吉野鼓浪追之，竟爲濟遠尾砲擊中要害，死傷枕藉，濟遠終能逃出沉沒之厄運。（見下節有關方之評論）

當濟遠向西南疾駛時，適遇我增援赴韓之運兵船，怡和公司之英輪「高陞號」，正運盛軍淮勇九百五十人，駛向牙山。濟遠乃以旗語通知，囑其立即轉舵南返。孰知高陞商輪，時速有限。在其南旋途中，終爲敵艦追及，迫令下錨停駛。隨高陞而來之我砲艇「操江號」（重六四〇噸）遂爲敵艦所擄。

高陞被迫停輪之後，日酋乃迫令高陞英籍船長隨日艦駛往仁川或日本，以船上華軍爲俘虜。英船長被迫聽命，而艦上我軍不從，蓋中日並未開戰，日本豈可於公海之上竊輪索贖呢！我船上將士則強迫船長駛返大沽。在雙方僵持期間，日艦忽升紅旗，通知高陞號上之西人「離船」。旋即對高陞發砲，我軍亦據船以步槍還擊。然時不旋踵，高陞號即傾斜沉沒。我將士遍浮海上，泅遁無所，日艦竟以機槍向浮沉之人群掃射。槍聲軋軋之下，白浪皆赤，浮屍蔽海。日艦乃挾我操江，掉頭不顧而去。

斯役也，敵人係以間諜探得我軍運兵情報，蓄意「偷襲」而來，志在必得。蓋其時日軍主帥伊東祐亨，副帥東鄉平八郎，皆在軍中，見其決策之堅定也。

此役亦係敵我兩國，新建現代海軍之處女戰。初試鋒鏑，雙方之優劣畢露，而敵人之殘暴，亦不待「南京大屠殺」而後始為世人所知也。

李鴻章論敵我優劣

高陞號沉沒消息傳入北京之後，舉朝大譁。衆議均以我海軍亦有鐵甲多艘，運兵增援，為何不派充足艦艇護送，致有此失？損兵折將，實因我海軍將領，尤其是丁汝昌「畏葸無能，巧滑避敵」之所致。光緒帝盛怒之下，其後竟將丁汝昌「革職留任」，要他「戴罪圖功」。主戰廷臣翁同龢、李鴻藻與慶親王奕劻等，甚至奏請連李鴻章亦一道撤職，東事由朝廷直接指揮。不幸的是李鴻章那時卻是大清朝廷中的「周恩來」，是一個無人可以代替的全能宰相。如今他雖是全朝公敵，實際責任還非由他一人擔任不可，尤其是日軍在韓，此時正得寸進尺。攻佔牙山（七月二十九日）之後，已進窺平壤。清廷不甘示弱，乃於八月一日與日本同時「宣戰」。宣戰之後，清廷一面增調大軍，進援平壤；一面嚴令北洋艦隊向黃海出擊，與倭艦決戰。這時丁汝昌亦因屢遭委屈，受氣已多，亦迭向鴻章陳情：不顧生死，出海與倭人一拚。然鴻章老謀深算，知彼知己，終不忍將數十年撫育的寵物，負氣一擲。他一面仍嚴令汝昌，不許輕意出海覓戰；一面密奏小皇帝，力陳海軍不應輕擲之道。這篇有血有肉、情辭懇切的密奏，光緒讀之，亦爲之動容。筆者不學，竊思我們讀者作者，亦有細讀的價值，謹抄全文如下：

查北洋海軍可用者，祇鎭遠、定遠鐵甲船二艘，然質重行緩，吃水過深，不能入海汊內港；次則濟遠、經遠、來遠三船，有水線穹甲，而行駛不速；致遠、靖遠二船，前定造時號稱一點鐘行十八海里，近因行用日久，僅十五六浬。此外各船，愈舊愈緩，海上交戰，能否趨避敏活，應以船行之遲速爲準。速率快者，勝則易於追逐；敗亦便於引避。若遲速懸殊，則利鈍立判，西洋各大國講求船政，以鐵甲爲主，必以極快船隻爲輔，胥是道也。詳考各國刊行海軍册籍，內載日本新舊快船推可用者共二十一艘，中有九艘自光緒十五年（一八八九）後，分年購造，最快者每點鐘行二十三海里，次亦二十海里上下。我船訂造在先，當時西人船機學尚未精造至此，每點鐘行十五至十八海里，已爲極速，今則至二十餘海里矣。近年部議停購船械，自光緒十四年（一八八八）後，我軍未增一船。丁汝昌及各將領屢求添購新式快船，臣仰體時艱款絀，未敢奏咨瀆請。臣當躬任其咎。倭人心計譎深，乘我力難添購之際，逐年增置，臣前於豫籌戰備摺內奏稱，海上交鋒，恐非勝算，即因快船不敵而言。倘與馳逐大洋，勝負實未可知。萬一挫失，即設法添購亦不濟急。惟不必定與拚擊，今日海軍力量，以攻人則不足；以之自守尚有餘。用兵之道，貴於知己知彼，舍短取長，此臣所爲兢兢焉，以保船制敵爲要，不敢輕於一擲，以求諒於局外者也。似不應以不量力而輕進，轉相苛責。丁汝昌從前剿辦粵捻，曾經大敵，疊著戰功。留直後即令統帶水師，屢至西洋，藉資歷練。及創辦海軍，簡授提督，情形熟悉。目前海軍將才，尚無出其右者，若另調人員於海軍機輪理法全未嫻習，情形又生，更慮僨事貽誤，臣所不敢出也。（見《奏稿》七八，頁五三；《大清實錄》三四五；《年（日）譜》，頁二七一。）

李鴻章這件密奏繕發於一八九四年八月二十九日（清光緒二十年七月二十九日）。

他決沒有想到，半個月之後，中日黃海大戰爆發，經過四個半小時的血戰，他苦心孤詣，扶植起來的心頭肉、掌上珠，還是被「一舉輕擲」了。

劣等洋員的讕言不可信

公元一八九四年九月十七日，也就是清曆光緒二十年甲午，八月十八日，是我國近現代史上一個有決定性的日子。這天下午，我國第一支、高踞當時世界第八位的現代海軍——北洋艦隊，在黃海之上，大東溝海面，與日本第一支現代化海軍——聯合艦隊，發生了遭遇戰。雙方血戰四個半小時才鳴金收兵，未分勝負。當然我方的損失，遠大於敵方。

這一戰，在雙方都是破題兒第一遭。在我國近代軍事史上，可能更是第一次和唯一的一次，以現代武器、現代組織、現代法則，所打的大規模的現代戰爭。除此之外，連「台兒莊之役」乃至「印緬戰場」，都只能說是一窩「爛仗」。

這場戰爭是怎樣打的呢？百年來史家著述甚豐。但是故事大都是千篇一律，把黃海之戰抹黑；把我們海軍裡大批的殉國英雄說成狗熊。首倡其說的原是一些當年海軍裡自高自大的洋員，尤其是那位英國浪人癟三泰樂爾（William Ferdinand Tyler）。泰氏曾親歷黃海之戰。且在他的回憶錄裡（*Pulling Strings in China.* London: Constable & Co., 1929）寫了一些親歷記。後來史家就根據他的故事，人云亦云的講了幾十年以迄於今。

筆者在當學生時，也對他的故事篤信不疑。後來教書海外，把他的回憶錄指定作參考書而細讀之，便懷疑起來了。等到在洋社會住了數十年，摸透了那些洋冒險家到殖民地國家打天下的醜惡的底子，我對他的故事就徹底否定了。

泰樂爾一八六五年生於英國農村，在他的祖國裡他小學也未畢業。後來到一艘商船當技工，才申請到英國海軍受連制服都要自購的「備役」訓練一年。據他自述，曾取得英海軍「備役中尉」（sub-lieutenant R.N.R.）的資格。一八八八年他到上海掘金，想在中國海關謀一「室內工作」（indoor staff），但是海關人事室卻把他分配到海關巡邏艇上去當個小職員或水手。這兒他一幹五年，一八九五年經人介紹進入中國海軍旗艦定遠號當差。不久便碰上了黃海之戰。

泰樂爾在定遠號上當的什麼差事呢？他在回憶錄裡說他是定遠號的「副船長」（co-commander）——他這牛皮可吹得太大了。且看上文所述，那位天津水師畢業、德國留學歸來的黎元洪，在定遠上只當個「砲弁」，他至少會放砲嘛！泰樂爾除掉碧眼黃鬚之外，他會放啥子呢？

無獨有偶，那位在鎭遠艦上服務的美籍洋員馬吉芬（Philo McGiffen），原任美軍少尉，來華教操，後來也自吹自擂說他曾是鎭遠的船長（commander）呢！其實他二人都只是兩個水兵級的「營混子」而已。

不特此也。黃海戰後，那位有提督銜的德籍顧問漢納根（Constantin von Hannecken）辭職了。李鴻章又找了一個英籍拖船駕駛麥格祿（John McClure）來補其缺。麥格祿原來也是個一無所長的酒鬼，出任有提督銜的總顧問，就自認爲是中國海軍的副司令了。泰樂爾對此缺也垂涎欲滴。因此對麥某也嫉忌不堪，弄得這兩位英國浪人，終身不和。

這兒的問題便是：李鴻章爲什麼要找這些爛仔在海軍裡鬼混呢？這大概是在他處理內政和外交上，「洋員」（尤其英國人）都是個必需品。但他又不願僱用有眞才實學者。有眞才實學者如琅威理，就必然要抓權。在海軍裡抓權，則海軍裡就要再出個赫德了。中國有一個赫德已嫌太多，再來個赫德，中國豈不要亡國？所以琅威理一怒而去，老李也就由他去了。——琅威理怎能建設中國海軍呢？充其量把中國海軍建成個印度海軍罷了。此老李所深知也。朋友，李鴻章就是周恩來！與周總理打交道，只有他利用你；你還能利用他哉？

毛主席的延安被胡宗南打下了。毛反要「胡宗南聽指揮」！胡宗南敢不聽哉？

老毛頤指氣使，吩咐總理這樣、總理那樣，總理無不俯首聽命。老毛自覺好不風光。但是眞正要「毛澤東聽指揮」者，周恩來也。老毛，獨夫而已。人亡政息，何足道哉？接獨夫之班者，周公也。毛澤東不聽指揮，鄧小平，哼！今日有你。圍棋國手，天下無敵，淺見者安知其妙哉？李、周在朝，大才小才，雞鳴狗盜，都是棋子，通吃不誤。所以麥格祿、泰樂爾者，老李麾下，一些蝦兵蟹將、小棋子而已，什麼鳥「洋將」、「洋員」哉？但是，把這些爛仔混入軍中，軍中將士對他們的反應就不一樣了。在那個崇洋時代，一般土將土兵包括丁汝昌，對他們都會崇而敬之。但是，對那些自己也洋過了頭的人，像劉步蟾、林泰曾、嚴宗光、方伯謙等等，就不會把這些一無所長的洋混子看在眼裡了。

因此，泰樂爾躋身定遠之內，對一般兵將，他可七拚八撞；在劉管帶之前，那就是小鬼見閻王了。甚至連英語會話、作文，劉步蟾可能也高他一籌——泰樂爾的英文風格便十分低下。他原來連小學也沒畢業嘛！怎能寫出好文章呢？

在泰樂爾後來所寫的回憶錄裡，因而他要不惜一切醜化劉步蟾。情見乎辭，以洩其咬牙切齒之積恨。他這種書，歷史家惡可據爲信史呢？不幸，在張蔭麟（一九〇五～一九四二）教授以後，我國史家、作家，竟然偏信了數十年，此筆者不揣淺薄，希望據實稍爲扭轉之也。

大東溝血戰眞相

前節已略言之。在豐島一役之後，敵我優劣畢露。鴻章深知，鏖戰於大洋之上我艦隊斷非日艦之對手，因而避戰之心愈切。我艦游弋，只許自威海衛、旅順至鴨綠江口之一線，不許越境禦敵。然李氏退避之策，終難執行。蓋海軍避戰，陸軍屢敗，最後必至避無可避之絕境。再者，清廷已對日宣戰，海道向朝鮮增兵，艦艇護航有責，又從何避起呢？果然牙山既失，平壤吃緊，清廷續調劉盛休部銘軍四千人於九月十六日自大沽出發，由丁汝昌率北洋艦隊自中途護送去韓，增援平壤。日艦得報遂集中其最精銳之艦艇十二艘於鴨綠江口外之大東溝一帶，伺我艦返航時，加以邀擊。我艦避無可避。兩軍遭遇於大東溝上，一場慘烈的中日黃海血戰，便在九月十七日下午十二時五十分，正式爆發了。

這次黃海之戰，百年來史籍滋多。史家亦時有異辭。然去其傳言妄語，根據史實，擇要簡述之，眞相大致如後。

我方護航艦艇，於九月十七日抵達大東溝者，計有十八艘。其中鎭中、鎭南兩砲艦(均重四四〇噸)，率魚雷艇四艘，護兵入港。平遠、廣丙兩艦則在口外下錨。餘十艦爲北洋主力，則下錨於口外十二浬之海面。十艦中計有：

定遠(旗艦)、鎭遠二主力艦，各重七千噸，各有十四吋裝甲，十二吋巨砲各四尊，時速均爲一四・五浬；

致遠、濟遠、靖遠、來遠、經遠鋼質巡洋艦五艘，各重二三千噸不等，各種口徑鋼砲十餘尊，時速大致十五至十八浬之間；

超勇、揚威、廣甲三砲艇，各重千三百噸，各有砲十餘尊，時速十五浬。

我艦隊此時之重大弱點，蓋爲：㈠無新船。所有艦艇均爲一八八八年前下水之舊式戰船；㈡我艦無快砲。李鴻章勉力所購之十二尊，此時尚未及安裝。

而此時在大東溝外，伺機攔擊我船之敵艦十二艘，其性質則正是我艦之反面。其十二艦中，計有：㈠三四千噸之巡洋艦吉野、秋津洲、松島（旗艦）、千代田、嚴島、橋立、赤城七艦爲一八八八年以後始下水之新船。吉野、松島等五艦，且爲十九世紀末之嶄新（brand-new）產品；㈡各新船之時速，均在十八浬以上。吉野則二十三浬也；㈢日艦新船均配有「速射砲」；㈣日方老式艦艇，除比叡外，其他如高千穗、浪速、扶桑、西京丸皆鋼質。船既不老，設備彌新。

朋友，現代化海空戰，全打科技，全打年代。時新一年、技高一籌，就逼手逼腳。人海戰術、血氣之勇，中古打法也。抗戰中期，日機在我成都機場著陸，取走國父遺像，留下戰書向我空軍挑戰。我健兒不理他。但是我最高當局，忍無可忍，拍桌嚴令應戰。結果璧山一仗，只有我領隊兩位大隊長開了槍。其他健兒尚未及扳機開火，便紛紛墜毀如秋風落葉。從此，我們在後方就只有抱頭挨炸之份了。——此事余聞之於當年參戰英雄，想我空軍舊檔中，應有案可稽也。——甲午黃海之戰，正是如此。

且說九月十七日中午，大東溝上我海軍將士正吃完午餐，警報東南海面發現敵船。我艦乃起錨，列陣，迎了上去。

據說，我原隊形爲兩主力艦平行居首，餘艦排成雙行，尾隨於後。然全隊啓碇不久，副帥劉步蟾忽改傳旗令，變原船陣爲一字橫排。伸張兩翼，向敵陣包圍上去。

何以劉氏中途改變隊形呢？據泰樂爾說是起於劉的膽怯和自私。他故意要暴露兩翼小船以餌敵。庶幾敵船將不致攻擊劉所乘之旗艦，云云。泰樂爾更強調說，劉氏這一變隊陰謀，連在吊橋上觀察敵情之丁汝昌和漢納根均未發覺，只有他泰樂爾看出了。然大錯已成，無法改回，他乃向丁、漢二主帥建議，將錯就錯，令全隊右轉迎敵。丁氏稱善。泰氏自稱，他乃躍回司令塔要劉步蟾改變航向，右轉四度。劉佯從而陰違，口囑司舵曰「舵向左」（port），即改定遠航向向右也。然旋又低聲囑舵手「且慢、且慢」（steady, steady），結果艦止不動。泰樂爾說，他見劉步蟾抗命乃大憤，厲聲向劉辱罵，並躍上司令塔頂、攀上吊橋向丁報告。此時漢納根已因指揮旗尉他去，只丁汝昌一人在吊橋上，他二人言語不通，未能即時糾正劉步蟾之錯誤。即在此千鈞一髮之際，劉步蟾忽下令開砲。四砲齊發，竟將吊橋震斷。丁汝昌墜地受傷，他自己也被摔得雙目失明，不省人事……。自此中國船陣大亂，終至不可收拾云云。（見上引泰樂爾自傳，頁五〇）

上面這段泰樂爾所描述的故事，以後竟被張蔭麟、郭廷以諸教授，乃至其後無數著述家引證爲海戰信史，並對劉步蟾隨意詆辱。吾友Rawlinson後來在哈佛大學撰寫博士論文（導師爲費正清教授），亦持此說，信而不疑。（見上引Rawlinson之*China's Struggle for Naval Development, 1839~1895*, pp.175,179~180.）

讀者賢達，您相信泰樂爾在事後三十多年才寫出的這段故事嗎？——我個人是始信而終疑也。

第一，泰氏在定遠艦上向未參加過軍事會議。他不夠資格嘛！這也是他在書中公開承認的。在他們衆艦長必然都參加的軍事會議裡，原議是否是「縱陣」（line ahead）？縱爲「縱陣」，是否一定不能改爲「橫陣」（line abreast）？原議詳情，後人不知也。泰樂爾當時不夠資格過問此事；因此，他在當時亦不知也。三十多年之後，重要當事人死絕了，他才著書編造，漏洞百出。我輩治史者，能有疑處不疑?!

〔附註〕其實此一變縱陣爲橫陣之命令，據戚其章所獲原文件，實出自丁汝昌的直接口令。泰氏毫無所知，實是信口胡說。

第二，變換陣形，事關十艦，左右數千碼，是何等大事。這種變換，丁汝昌、漢納根近在督戰吊橋之上，林泰曾總兵（師長）近在鄰船，居然都未看到，只有他這一無職守的營混子、無事忙，發現了，由他來提出警告，三位正副主帥才聽他建議來匆忙改正。他是老幾?!這分明是一派讕言！

第三，丁汝昌不能實際指揮作戰；騎兵出身的漢納根，原是砲台工程師，對海軍也是外行。指揮主力艦作戰的司令官原是一種最高級的「技術官員」（technocrat），所用專業技術語言，在早期中國，全屬英語，日本亦然（此亦泰樂爾自覺神氣的主要原因）。所以中日黃海之戰時，雙方實際指揮官皆爲副帥。在我方爲副帥劉步蟾；在日方則爲副帥東鄉平八郎——這兩位格林威治的老同學。步蟾恃才傲物，他把個眞正的英國海軍司令琅威理（上校）且視同無物，他怎能把這個營混子、小水手，自稱「備役中尉」的泰樂爾放在眼裡呢?!泰樂爾吃氣在心，所以後來著書，乃一意以罵劉爲職志。其啣恨之深，誣衊劉步蟾之刻毒，簡直匪夷所思！筆者因限於篇幅，未能多譯。須知定遠當年是我軍旗艦。在這一莊嚴軍營之內，士卒途遇主帥，是要「目迎八步、目送八步」的。泰樂爾在其書內把自己寫成一位跳樑小丑。三位主帥都聽其指揮，最後竟至厲聲辱罵（curse）司令官。自我膨脹，一至於此，眞是不要臉之極！

第四，縱陣、橫陣之優劣，在當時海軍操典上，原是各有其說的。至於陣形之變換，令旗一扯，一個立正向左（右）轉，橫陣也立刻可以變爲縱陣。其他如由單行變雙行；由方陣變圓陣；雙向行駛，忽前忽後，忽快忽慢，在重洋之上，指揮作戰，依敵情變化而判斷之，其運用之妙，存乎一心。斯皆主帥之責，偏末小卒，何能瞭解呢？泰樂爾這個「洋營混子」，縱在晚年著書，對此仍一無所知也。他小學未嘗卒業，常識不足故也。但是這洋癟三，信口編造成篇，居然騙了我國並不知兵的史學界至數十年之久，亦可驚矣。

我艦一字排開，敵船錐形突擊

當然上述主帥作業，要能得心應手，如臂使指，就一定要將士訓練有素，船械設備新穎，才能制敵機先——那時我軍船械過時、砲上曬褲，一時頗難做到。可是日本人卻做到了。

當敵我於十七日下午十二時五十分接仗時，我十艦排成一字橫陣，定、鎮居中。定遠之左列各艦以次爲靖遠、致遠、廣甲、濟遠四艦。鎮遠之右則來遠、經遠、超勇、揚威也。十艦以六浬時速，排列前進。然兩翼尖端船小，速度較慢，以致「一」字漸成弧形。

迎頭而來之日艦十二艘，則分爲前後兩隊，以吉野號等四艦居首爲游擊隊，以松島旗艦爲首，餘八艦分兩行跟進，是爲本隊，以十浬時速，向我撲來。

當敵我距離接近八千碼時，我方首發巨砲，因砲震橋斷，丁提督被摔落地，身受重傷，口吐黃水，足折不能行。船員乃抬其入艙包紮，丁堅拒不許，遂坐於甲板上過道之側，督戰到底。彼可目睹閤船將士操作；船面將士亦可時見主帥所在。

此時日艦距我既近，乃以巨砲還擊，並由吉野率領前鋒突擊隊，加快速度至十四浬，隨即直穿我右翼而過。速射砲數十尊，左右開弓，一時俱發，彈下如雨。我鎮、定二主力，直接中彈百十發，死傷枕藉。甲板上之檣桅、瞭望台、帥旗、令旗，以及懸旗繩索，悉被敵方之密集速射砲火，轟燬殆盡。所幸由於裝甲堅厚，敵十吋巨彈，亦只能穿甲五吋，以致兩艦始終有傷無險；並逼近敵艦，發砲還擊。唯我右翼之小船，尤其是超勇、揚威兩艦，不勝負荷。船身中彈數十發，引起大火。我將士雖捨命撲救，終難控制。揚威原在右翼尖端，被迫外駛避砲。不幸受傷過重，火勢蔓延，全船盡燬。掙扎愈時，終至無救。全軍棄船時，管帶林履中蹈海自殺。海上存者六十五人，卒爲我一趕來應援之魚雷艇救起，駛出戰場。

敵方前鋒突擊隊，既以疾駛速射，穿我右翼而過之後，乃再向右急馳，繞過我鎭、定二主力之尾部，擬再右旋衝折我左翼，與隨後而來之本隊八艦，形成包圍圈，圍攻我定、鎭二艦爲首之主力，作殲滅戰。

然正當吉野二度右轉擬自後方衝我左翼時，我平遠艦適自大東溝之北部，率魚雷艇四艘趕來參戰。吉野見狀，乃捨我左翼，改道撲我平遠。我平遠管帶早知平遠非吉野之敵，乃掉頭並飭雷艇四散避之。吉野無所獲，遂又奔向我艦，擬與其隨後繞我而來之敵艦本隊，圍攻我主力，轟沉我輔艦。

末世友情，人不如狗

此時敵我鏖戰激烈，大東溝上煙霧瀰天，風雲變色。當敵艦本隊隨其突擊隊，衝向我右翼，擬繞我主力作大包圍時，我右翼諸艦拚死抗拒，亦發砲如雷。唯此時我超勇砲艦，已受重傷，大火不熄，船身傾斜，敵本隊乃以快艇快砲輪番攻之，超勇卒被擊沉。管帶黃建勛隨衆落水。當時有人拋長繩繫救生圈救之。黃推繩不就，遂隨超勇自沉殉國。

我軍左翼自吉野折返後，戰況亦至激烈。我致遠艦拚死抗戰，中彈累累，船身已受重傷。致遠管帶鄧世昌見敵船縱橫馳騁，率領諸艦進攻，對我艦爲害最大者，厥爲敵艦吉野號。若去此酋，則我軍頹勢或可稍轉。乃伺機取好角度以全速向吉野撞去，擬以重傷我船與敵艦同歸於盡。當兩船迫近，同沉勢在不免時，敵我船員均大驚大譁。孰知致遠半途竟被敵方魚雷擊中要害，鍋爐爆裂，壯舉成空——而該魚雷原定目標本是定遠旗艦，中途誤中致遠，救了吉野。也是天意。

當致遠沉沒時，管帶鄧世昌與闔船戰士二百五十人同時墜海（後只七人生還）。其時僚屬有以救生木給世昌者。世昌推木不就。當年海軍將士生活西化。世昌在艦上本蓄有二犬。如今該犬亦隨主人同時墜海。此二犬希圖搭救世昌，乃啣其臂不令沉沒。世昌推去之。此犬竟游回再啣其髮以圖拯救，世昌終於抱犬同沉。

這一幕重洋之上，活生生的「義犬救主記」，眞令人感嘆。將來如有朝一日，我黃海血戰殉國將士含冤得雪，立碑平反，則此兩頭義犬，也應該勒石紀念啊！

竊念我人，生逢末世，道德陵夷。數十年友情往往爲私心所蔽，爲芥末之微的小名小利之惑而竟不惜投井下石，捐之一旦。比諸此犬，眞是人不如狗，思之慨然。

世昌死前之激憤，或言與省籍情結亦不無關係。世昌粵人，而當時海軍將士多爲閩人。臨危相救，世昌或嫌閩人對粵人略有軒輊云。（以上故事多採自Rawlinson著前書；吳相湘等編《中國近代史論叢》第一類第六册，《甲午中國海軍戰績考》；前引戚其章書與其他若干中西史料。）

濟遠和廣甲的疑案

致遠既沉，我艦隊左翼頓折。敵艦乃以優勢火力與優勢速率，輪番圍攻我經遠。經

遠不支，終於下午四點四十分爲日艦擊沉，管帶林永升陣亡。闔船死難者凡二百七十二人。生還者只十六人。（見同上）

我致遠、經遠相繼沉沒之後，所餘之濟遠、廣甲二船，如不及時逃出戰場，必被擊沉無疑。廣甲原爲我福州自製之木殼鐵質千噸小船，本不堪一戰。只是廣甲撤退時，因管帶吳敬榮判斷錯誤而觸礁不起。全體船員（包括黎元洪）撤出之後，翌日始被巡弋日艦所燬。

至於濟遠疑案，則至今不能解。濟遠在黃海之戰時，戰爭未終，即全艦而返。濟遠歸來如係「臨陣脫逃」，則其管帶方伯謙其後之被「正法」（砍頭），實罪有應得。然該艦如係「力竭撤退」，則在那軍中通訊被割，請命無由的情況之下，全艦而歸，理應嘉獎呢！

總之，方管帶之死，軍中哀之，洋員亦不服。敵軍主帥亦感驚異，蓋伯謙在豐島之役，以一船敵三艦，表現至爲優異也。大東溝之戰，濟遠發砲過多，砲盤爲之鎔化，而方氏終遭「軍前正法」者，顯似李老總或小皇帝一怒使然。伯謙之死，是軍中無法，未經過「公平審判」（fair trial）也。人主紅筆一勾，小臣人頭落地，中古幹法也。以中古帝王辦法，打現代國際戰爭，宜其全軍盡墨也。在下落筆萬言，未開一槍，私衷所欲闡明者，旨在斯乎?!

劉步蟾戰績輝煌

前節已言之，黃海一役，實際指揮作戰之主帥劉步蟾也。步蟾接仗之初，麾下原有十艦。經四小時血戰之後，我方有六艦或沉或燬或逃已如上述（另二艦平遠、廣丙未參戰），然此六艦之損失實為器械窳劣所致，非主帥指揮錯誤有以致之也。以超勇、揚威、廣甲各蚊船，置之兩翼，置之排尾，其結果不會兩樣，則縱陣、橫陣云乎哉？

四個半小時之後，步蟾只剩四船——定遠、鎮遠、來遠、靖遠也。其時來遠全船著火，樑柱皆曲，已不成船形，猶與敵艦砲戰未已。

定遠、鎮遠二艦連續血戰四小時有半。二艦共中重砲彈三百七十餘發，遍體如麻。據日人統計，定遠一艦獨中輕重砲彈即不下兩千發。蓋血戰自始至終，日方即以我二主力艦為攻擊重心。二艦被摧，則我勢必全軍盡墨，毋待三月後之劉公島也。

定、鎮二艦各長三百呎，於四小時內，各中敵砲千彈以上。如此則船內官兵承受如何，不難想像也。泰樂爾即兩耳鼓被震破，終身重聽。丁汝昌、劉步蟾耳鼓如何，吾人不知也。

我兩艦共有十二吋巨砲八尊。四小時中共發十二吋彈一百九十七枚。有十彈直接命中。不幸我艦無戰場經驗。每砲只有「爆炸彈」十五枚。其中一枚直接擊中敵松島旗艦，死敵八十餘人，器械盡燬。伊東祐亨被迫另換旗艦。此十二吋爆炸彈威力可知。

爆炸彈之外，我艦多的是「穿甲彈」，而敵艦無重甲。穿甲彈攻力雖猛，過猛反而無用。我有兩穿甲彈直接擊中敵艦「西京丸」。然兩彈皆穿船而過，把西京丸鑿了四孔，而全船無恙。

我各艦小砲共發四百八十二彈。有五十八彈直接擊中敵船。敵艦比叡號被我圍攻，獨中二十二彈，幾被擊沉。我一魚雷亦嘗直射敵船，不意此雷迫近敵艦時，竟潛入船底之下，穿船而過。敵人全船大驚，然卒有驚無傷，亦我國運不濟，戰神揭鬼也。

綜計全戰局，日人砲多而快，命中率至百分之十五。我艦砲少而慢，然命中率，亦達百分之十。

敵艦快捷如鯊魚，要來便來，要走便走，要打便打；不打，我亦不能追擊。

然我主力艦則沉重如大海龜，任你捶打，也不會下沉。鯊魚亦奈何不得。雙方廝殺，難解難分。至下午五時半，我十二吋巨彈只剩下三枚，而伊東深恐天黑，我魚雷艇逞凶，乃收隊而逃。劉步蟾鼓浪追之數浬，速度不及，愈追愈遠，乃收隊而歸。——結束了這場黃海血戰。

讀者賢達，您讀畢上列諸節的眞實故事，該知劉步蟾、丁汝昌並非飯桶。大清不亡，我軍不敗，實無天理，然非戰之罪也。我輩臧否先烈先賢，可不愼哉？願與賢明讀者共勉之。

＊一九九四年九月三十日脫稿於北美洲

原載於台北《傳記文學》第六十五卷第四期

四、一百年後回看戊戌變法

在一百多年的中國近代史中，我們苦難的中國人民，承擔了無數次大小「革命」，和兩次大「變法」——由康梁發動的「戊戌變法」，和由鄧小平領導的「小平變法」。粗淺的說來，「革命」易而「變法」難也。蓋革命者，革他人之命也。革他人之命則敵我分明、對象顯著，而手段單純。變法者，變自己之法也。變自己之法則對象不明、敵我難分，而手段千變萬化也。毛澤東不言乎：「矛盾」有敵我矛盾與人民內部矛盾之別也。敵我矛盾可以一槍了事；人民內部矛盾則抽刀斷水，沾漣不盡矣。「變法」者亦「人民內部的矛盾」之一種也。

君不見戊戌之變時有新舊之爭、帝后之爭、母子之爭，甚至婆媳之爭。帝黨中有后黨；后黨中亦有帝黨。開衙門、關衙門，糾纏不盡？更不見，小平變法時，鄧公小平既做光緒、又做慈禧；當了兒子、再當媽媽。重用胡（耀邦）趙（紫陽）、又逼走胡趙。力主「開放」、又要「堅持」；堅持堅不了、開放又放不出……，結果弄得聖母老太后，眞煩死人也；也矛盾死人也麼哥！

讀者賢達：您以爲在下有欠忠厚。不能替鄧老分憂，還在一旁講風涼話哉？非也。在目前，我們實在不知道老鄧在搞些啥子。鄧老本人固亦不盡知也。

蘇東坡不也說過？不識廬山眞面目，只緣身在此山中。其實蘇子這話，並未說透。談時政、評當朝；當局者固迷，旁觀者亦未必清也。不信，到報攤上去翻翻，有幾位大家名筆，不在自說自話，甚至瞎說胡扯？

但是天下眞有天不知、地不知的變法？非也。時間因素不夠嘛！等它一百年，再回頭看看，自會透明如水晶球。

今且放下小平不談；談談一百年前的康梁。

首先看看「社會轉型」說

筆者落筆至此，適逢電視報導，當今世界上位列第二位的超級強權「蘇維埃社會主義共和國聯邦」，在一槍未響、無聲無臭的情況之下，壽終正寢。這眞是人類文明八千年歷史中從未有過的怪事和大事。怪不得《紐約時報》以跨欄的頭條新聞報導刊載之。但這頭條新聞，在讀者眼光中卻遠沒有同一天副版上，甘廼廸參議員的外甥史密斯少爺的強姦案之緊張刺激，讀者如雲。

蘇聯，馬克思主義之祖國也。蘇帝死得如此窩囊，連累得馬克思也顯得臉上無光。相形之下，資本主義之父的（亞當）史密斯老先生卻童顏鶴髮、老而不死，神氣活現起來。眞的，那一度曾與成吉思汗同其威風的老馬，現在居然虎落平陽，連甘廼廸的一個好色的小孫子也不如哉？在我們授世界史的教員看起來，此話言之過早也。

馬克思主義，至少是馬克思主義的歷史學，和其他主要學說一樣，也有若干獨到之處，不可一竿子打翻。馬派史學家認爲人類社會的發展，是分五個「階段」前進的，而每一階段則各有其不同的社會「型態」。在這五個階段一個接著一個嬗遞前進之時，兩個階段之間，前後兩個型態的轉換，就「必然」有個「轉型期」。既然歷史的發展和轉型是個「必然」的程序，幹嘛又要去「鬧革命」、「搞階級鬥爭」呢?馬家的門徒說，鬧革命、搞階級鬥爭的目的，就是要縮短這個必然發生的「轉型期」。這種轉型現象如任其自然發展，時間可能拖得很長；甚至無限制拖下去。——馬克思主義革命家，便是根據這項學說的推理，認爲長痛不如短痛。應該以暴力催生，使社會轉型於旦夕之間，畢其功於一役。所以馬列主義者都是「一次革命論者」。——列寧如此，毛澤東更不必說了。

當然這種馬列主義的歷史學毛病多著呢!各派史家，根據各民族的歷史經驗，對它加以批駁的，可說是汗牛充棟。筆者不學，亦嘗追隨群賢之末，根據我華族歷史發展之經驗撰文否定之。本篇不再重複。

「轉型期」是社會發展的「瓶頸」

可是馬派史學正和其他主要學說一樣——如湯恩比的「挑戰反應」論、杜威的「實驗主義」說，和二次大戰後支配聯合國主要政策的「經濟發展」論等等——不是「全對」，也不是「全錯」。各該派的主要論斷，在中國歷史上都可找到「佐證」。史家對任何一派完全肯定（如大陸上早期對馬列學說之絕對認可），或通盤否定，都是錯誤的。

例如馬派史學上的「型態」論，和「轉型」說，即有其可取之處。我們反證了它史分五段的「絕對論」(absolutism)。但我們也無法否認，中國近三千年社會發展的程序裡，也的確有過兩大「轉型期」。——發生在古代的便是歷時一百三十餘年的「商鞅變法」；發生在現代的便是吾儕及身而見的自「鴉片戰爭」（一八三九～一八四二）以後，歷時一百五十餘年的近代史階段了。

我國古代社會的「轉型」，確是如馬派史學所說的，那是我國社會發展內因演變的結果。轉型是「自動」的。而我國近代社會的轉型程序，則是如湯派史學所說的，那是外因「挑戰」(challenge)的「反應」(response)。轉型的程序是「被動」的。可是等到這「轉型期」接近尾聲時，朝野雙方，不論黑貓白貓，又一切向「錢」看。大家都知道，經濟「飛」不起來，則另一個「定型」便無法出現。今日台灣「蔣家政權」的模式已一去不返；而大陸上鄧大人卻在繼續「垂簾聽政」，還不是「錢」的關係？等到大陸上也能突破「開發中」(developing)的枷鎖，而邁向「已開發」(developed)階段。海峽兩岸一國一制。我們的「轉型期」就會正式結束。一個新的「定型」就會出現。這最後一段的發展，便是上述第三、四派史學的重點所在了——不重實際效驗、經濟搞不上去，你得閉起鳥嘴，啥也沒得好說的。回去搞你的獨裁專制好也，搞到像史達林那樣的神氣，還是不免要鞭屍亡國的。

話說千遍，一語歸宗。近一個半世紀中國變亂的性質便是兩千年一遇的「社會轉型」的現象。在歷史的潮流裡，「轉型期」是個瓶頸，是個三峽。長江通過三峽是灘高水急、波翻浪滾、險象環生的。在這激流險灘中，搖櫓盪舟、順流而下的大小船伕舵手，風流人物，觸礁滅頂，多的是可歌可泣和可悲可笑的故事……，可是船抵葛洲壩，你遠看「晴川歷歷漢陽樹，芳草萋萋鸚鵡洲」，你就有心平氣和，享有無恐懼自由之感了。因此在這轉型期接近尾聲的階段，回看百年史實，便知一部「中國近代史」，實在是一部從中古東方式的社會型態，轉向現代西方式的社會型態的「中國近代社會轉型史」，也可叫做「中國現代化運動史」吧！康梁師徒在這段歷史潮流裡所扮演的角色，便是上述三峽中的一葉扁舟裡的兩個小船伕。在急流險灘之間，風馳電掣，順流而下，終於觸礁沉沒——可泣可歌、可悲可笑，如此而已。

且看「皇帝」的慢慢蛻變

可是吾人今日及身而見的一百五十年的轉型期中，我們的老舊的社會型態——這個左翼史家一古腦稱之爲「半封建」的社會型態——到今天還沒有被完全「轉」掉。就以「皇帝」這項制度來說吧！辛亥革命以後，我們雖然沒有皇帝了，卻多的是「變相皇帝」。朋友，您能說袁世凱、蔣中正、毛澤東三公不是「變相皇帝」嗎？皇帝爺哪有他們三位的獨裁權力啊！

所以歷史的事實已證明「一次革命論」這項理論是錯誤的。我們的「民國史」上，從洪憲「皇帝」起「轉」了七十多年，才「轉」出個李登輝「總統」來。因此我們在社會發展中「轉型」的程序是十分複雜的，是迂迴曲折，進三步退兩步，左進右退，上進下退……，有時甚至是乾脆立正、向後轉，眞是花樣繁多——但是從遠景看來，向前發展的大方向是不變的；同時也是階段分明的。

大的階段暫時不談了，就看最近十年這段「小平變法」吧！它自七九年開始，一下便向前猛衝了八年。迨至胡耀邦被黜，開始煞車。及八九年「六四」，忽來個立正向後轉，血流如注。這兩年來，它既要繼續開放、和平演變；又要反對和平演變。我們也看不出它怎樣反對「和平演變」。跟毛澤東的「大躍進」相比，則毛是兔子，鄧是烏龜了。但是歷史也證明烏龜比兔子爬得快。中國發展的「大方向」還是向轉型前進的。（參見拙作〈胡適的大方向和小框框〉）

「社會轉型」需時數百年

有人或嫌我們「轉型」（也可說是「現代化」吧）太慢了一點。君不見日本轉型，只需三五十年便可完工嗎？其實日本轉型是個例外（容後節細論之），其他民族社會轉型，均需三兩百年，始見膚功也。

我國古代的商鞅變法自公元前三五〇年變起，至前二二一年始皇統一凡一百三十年，始搞出「秦法政」來（毛澤東語）。但是秦皇「任刑太過」（顧炎武語），再繼續向前「轉」進。又實驗了一百餘年，至漢武帝以後才慢慢地搞出個「霸王道雜之」（漢宣帝劉詢的話）的中央集權文官制和重農輕商的大帝國的「定型」來。這一漢家制度的「定型」，一「定」便是兩千年，基本上沒有原則性的改變——所以毛澤東告訴郭沫若說

：「千載猶行秦法政。」——在始皇前、武帝後這兩個定型之間，「轉型期」延長至三百餘年！

近代歐洲社會的「轉型」，實始於十四世紀初年（一三〇〇）的「文藝復興」。一轉也是三百餘年，直至十七世紀（一六〇〇）之末，才逐漸「定型」；變成以自由個體爲社會基礎，以大規模機器生產財富來源的「資本主義」(capitalistic)的「民族國家」(nation state)和以「中產階級」爲主體的「代議政府」(representative government或parliamentary government)來。這一現代西方的「定型」已維持了四百餘年。可是在一九九一年底蘇聯帝國之崩潰，原蘇聯各邦同意再組邦聯。西歐各國與此同時也正在大搞其「幣同型」(common currency)，一個新的西方政治社會的「轉型期」，又已顯其端倪矣。——現代中國的社會轉型尚前途漫漫，而當代西方社會又已開始轉型，這大概是現代科技快速發展的必然後果吧！

在近代世界社會轉型史中，以日本轉得最快。一八六八年「明治維新」後，不出一代，日本便已躋身世界先進強權之列。這可能是維新前，日本的封建制度與中古歐洲封建制的基本「型態」甚爲接近，因此日本一旦實行「歐化」（歐洲式的現代化），則社會發展程序若合符契，所以就一鳴驚人了；另一點則是島居小邦的關係。西方的現代化，尤其是「經濟起飛」，都是從「小邦」(small state)開始實行的（而現在又逐漸走向大型的經濟邦聯(economic commonwealth)）；美國獨立之初不也是十三個小邦的邦聯嗎？現在亞洲的「四條小龍」還不是四個「小邦」？

我們中國是個有特殊歷史和「亞洲式社會」(Asiatic society)背景的大國，一旦搞起「西式」的「現代化」（簡稱「西化」）來，鑿枘不投，就沒有日本搞西化，一拍即合那麼輕鬆了。我們搞「西化」，尤甚是搞脫胎換骨的「全盤西化」，那就要迂迴曲折地，一個階段、一個階段的慢慢地向前爬行了。——康梁變法便是這次爬行中的一小段；搞「全盤西化」的胡適則是另一小段的領袖。

固有文化的「現代」處理

「全盤西化」這個口號多嚇人！胡適原來就是主張全盤西化的。可是在十目所視、十手所指的咒罵之下，這位調和性極重的啓蒙大師乃改口說什麼「充分西化」和「充分世界化」。其實「充分世界化」這口號大有語病，甚至欠通。「全盤西化」這口號聽來雖嚇人，但是我們今天如把海峽兩岸人民的日常生活，和國共兩政權管轄下的中小學教科書翻開來看看，其中除掉我們繼續用筷子吃飯一些小事物之外，還剩下多少「固有文化」呢？近百年來在教育上，在日常生活上，朋友，我們幾乎在不知不覺之間，是眞的「全盤西化」了。在政治上、在社會上，我們雖然還遺留有若干固有文化的殘餘，如中央政府的極權制，和農村中的盲婚制等等，但是那些只是有待清除的渣滓啊！

可是我們的固有文化就眞的一無可取哉？——怎能如此說呢？「中國的固有文化」至少可以和「西方固有文化」分庭抗禮，甚或佔「世界固有文化」之一半。怎能說一無可取？只是「文化」加「固有」二字，便屬於前一型態或中古型態的文化了。它要經過一個痛苦的西式「現代化」（二次大戰前只叫「西化」）的洗刷，才能屬於轉型期以後的次一型態或現代型態。就以中醫來說吧！我國傳統醫學是世界之寶，豈但「國寶」哉？但是「中醫」（尤其是婦產科、小兒科）如不經過「現代化」的清理程序（所謂中西醫結合），則是一殺人如麻的劊子手也。文化云乎哉？（日本維新之後，嚴禁中醫幾至百年之久。國民政府早期亦曾封殺中醫。）再說海峽兩岸今日最時興的「氣功」吧！如不經過一番現代化的處理，則天大迷信一條也；刀槍不入的「義和拳匪」也。把它說成中國固有文化，豈不丟人哉？

以此類推，則我國固有文明裡的道德標準、價值觀念、孔孟之道、四維八德……無一不需「現代化」（包括「科學化」、「民主化」）的處理始能適應於次一型態的社會；無一不經現代化處理而能公之於全人類（世界化）的。因此所謂「西方文明」，非本質優於我「東方文明」也。近三百年來西風之所以能壓倒東風者——包括西方小說之能夠壓倒東方小說者——「固有」與「現代」之別也。近百年來吾人所見之所謂「西方文明」者，「現代文明」也。他們通過這個「現代化程序」，早於我們三百年；而吾人口口聲聲所說之「東方文明」者，仍停滯在「現代化」前期之「固有文明」也。「固有文明」比諸「現代文明」就相形見絀了。等到東西兩個「固有文明」，都完成了各自現代化的程序，到那時兩個「現代文明」，截長補短，才能言其高下。

但是我們如果要把全部「中國固有文明」都要加以現代化的處理，那就非一朝一夕之功了。它是在不知不覺之間分段前進的。康有為和梁啓超等人所領導的「戊戌變法」，便是這「分段前進」的「現代化運動」中的一小段——集中於「政治現代化」的一小段。

從「科技現代化」到「政治現代化」

但是康梁所領導的這「一小段」又是整個的「現代化運動」中的哪一段？

曰：從兩千年的中國通史來看，它是第二個「轉型期」中的「第二階段」，也就是「政治改革階段」。借用大陸上「文革後」的最新名詞，蓋亦可叫做「第五個現代化」。「政治改革」在清末原有「急進」、「緩進」二派。急進派以孫文爲首。他們搞的是「驅除韃虜、建立民國」；暴力革命，以美爲師。緩進派則以康有爲爲首。他們主張「變法維新、君主立憲」；和平演變，排除暴力，以英國制爲鵠的。——這兩派之同時興起、殊途同歸，都是受了中日「甲午戰爭」（一八九四～一八九五）挫敗，清廷喪權辱國的影響。在此之前，這兩派原都寄望於「同治中興」（一八六一～一八七五～一八九四）期間，中興名臣所推動以科技爲主，以船、砲、路、礦爲內涵的新政，也就是所謂「洋務運動」。

這種早期的「新政」，事實上便是我國「現代化運動」中的「第一階段」；也就是「科技現代化」的階段。再用個最新的名詞，那就叫做「四個現代化」吧！

其實搞這四個現代化的老祖宗還不是李鴻章等「中興名臣」呢！當然更不是鄧小平和陳雲。它的兩位老祖宗卻是林則徐（一七八五～一八五〇）和徐繼畬（一七九五～一八七三）兩位總督大人，尤其是前者。他的幕僚魏源（一七九四～一八五七）在鴉片戰爭時期就開始呼籲改制，要「師夷之長技以制夷」（見道光二十二年・一八四二年版《海國圖志》序）。魏之所謂「夷之長技」者，用句目前的語言來說，那就是「西方先進國家的科學技術」；也就是「科技現代化」，也就是「四個現代化」。——一百四十多年之後，我們搞「洋務」的歷史又「重演」一次罷了。

科技現代化經林徐二公首倡之後，至同治中興，竟成顯學。一時新政雲湧，人才輩出，中興名臣如曾國藩、李鴻章、沈葆楨、陳寶箴、張之洞、劉坤一、盛宣懷等等，把四個現代化實在搞得有聲有色。雖然我們歷史家一直在咒罵昏聵淫佚的慈禧太后，把建海軍、修鐵路（天津到瀋陽）之款數千萬兩，拿去修治頤和園。縱使如此，我們的海軍那時在規模上，還是超過日本的；路礦的資源就更不必談了。自鴉片戰敗（一八四二）之後，我們苦苦的搞「四化」，搞了五十二年之久；縱自「同治中興」算起，也有三十二年，誰知至「甲午中日戰爭」（一八九四～一八九五）之役，那些轟轟罐罐，被東洋鬼幾砲就打掉了。

我們甲午戰敗（一八九五），非由於器械之不精也、資源之不廣也，或人才之不足也。我們之敗，是敗在顢頇落伍、貪污無能的政治制度——我們的「祖制」，也就是屬於前一型態的老制度。搞「堅船利砲」搞了數十年，至此朝野上下始如大夢初醒。原來沒有個趕上時代的政治制度，則縱有超等的堅船利砲，舊瓶裝新酒，也無濟於事。以古方今，這也是我的小老鄉魏京生先生之所以認爲「四個（科技）現代化」之不足恃；他寧願坐牢，也要堅持搞「第五個現代化」（政治現代化）的道理。——魏京生要改變的，也就是中共的「祖制」。

遠在魏子坐牢的八十多年前，這也是清末朝野上下一致的呼聲，他們那時所堅持的「變法改制」這個大方向，正和大陸今天的「開放政策」一樣，是歷史發展進入一個「新階段」的時代精神。除了最無知守舊和自私的少數冬烘之外，基本上是無人反對的（包括慈禧老太后在內）。因此清末在甲午、戊戌（一八九四～一八九八）之間，主張變法改制的時論和奏章，眞如狂風暴雨，雪片飛來。在當時這類文獻裡，我們讀得最沉痛的，莫過於日本的戰勝者，對我國戰敗者的「勸降書」了。

一封沉痛的日本「勸降書」

在中日「甲午之戰」的後期，我國當時最現代化的「北洋艦隊」，被日方打得幾乎全軍覆沒之時，剩下的幾艘殘艦，於一八九五年二月由海軍提督（海軍總司令）丁汝昌率領退守威海衛，被日艦重重包圍，走投無路。當丁提督與他的高級僚屬海軍總兵張文宣正預備自殺殉國之時，他收到一封敵軍主將的勸降書。這封勸降書值得一讀。以明國恥，以誌其慟，今且節錄若干段原文於後：

大日本海軍總司令官中將伊東祐亨，致書與大清國北洋水師提督丁軍門汝昌麾下：

時局之變，僕與閣下從事於疆埸，抑何不幸之甚耶？然今日之事，國事也，非私仇也；則僕與閣下友誼之溫，今猶如昨，僕之此書豈徒爲勸降清國提督而作哉？大凡天下事，當局者迷，傍觀者審。……清國海陸二軍，連戰連北之因，苟能虛心平氣以察之，不難立睹其致敗之由。以閣下之英明，固已知之審矣。至清國而有今日之敗者，固非君相一己之罪，蓋其墨守常經不諳通變之所由致也。夫取士必由考試，考試必由文藝，於是乎執政之大臣，當道之達憲，必由文藝以相陞擢；文藝乃爲顯榮之階梯耳，豈足濟夫實效？當今之時，猶如古昔，雖亦非不美，然使清國果能獨立孤往，無能行於今日乎？〔上句或有抄脫之字，否則可能是譯者文字欠通順所致，因此函原稿爲英文。〕前三十載，我日本之國事，遭若何之辛酸，厥能免於垂危者，度閣下之所深悉也。當此之時，我國實以急去舊治，因時制宜，更張新政，以爲國可存立之一大要圖。今貴國亦不可以不去舊謀爲當務之急，亟從更張。苟其遵之，則國可相安；不然，豈能免於敗亡之數乎？與我日本相戰，其必至於敗亡之局，殆不待龜卜而已定之久矣……（原函漢譯全文見王芸生編《六十年來中國與日本》，民國二十年，大公報出版，第二冊，第一九七～一九八頁。）

伊東此函作於一八九五年陽曆一月二十三日。十天之後（二月十二日），丁汝昌就自殺了。

伊東這封「勸降書」雖算不得是我國清末變法改制的重要文獻，然此書出自把我海陸兩軍都打得全軍覆沒的敵軍主將之手，它對痲痺已久的中國朝野，簡直是一記「震擊治療」(shock therapy)，使戰敗國人民覺悟到「政治改革」實遠比「科技改革」更爲重要。因爲在此之前，倡導變法改制的雖亦大有人在。——康有爲第一次上書籲請改制，便在甲午戰爭的六年之前。康之前還有馮桂芬、容閎等人。但是言者諄諄而聽者藐藐。同情者固不乏人；認眞的就寥若晨星。可是這一次爲日本小弟所戰敗，情況就不同了。再加上伊東這封連勸帶諷的勸降書，一朝傳出，對古老的大清帝國，眞是一極大的震撼。自此以後「變法改制」的呼號乃如狂風暴雨，不可抗拒。康梁師徒，風雲際會，也就一馬當先了。康梁師徒何以會有這樣的機運？下篇且把老康解剖一番，自見分曉。

＊原載於台北《傳記文學》第六十卷第三期

五、解剖康有爲

前篇已言之。清末首倡除舊佈新，作「緩進派非暴力的政治改革」，康有爲並非第一人。在他之前有深入的觀察、成熟的理論和悲痛的心情，而主張變法改制者如馮桂芬（一八〇九～一八七四）和容閎（一八二八～一九一二）等人都比康要早。甚至在位的李鴻章（一八二三～一九〇一）也早已有此認識。但是在傳統士大夫陣營之內，首先以中西理論相結合，並化理論爲行動，不眠不休地以推動變法爲職志，結果禍延家國、名揚天下，終以變法專家載記史策的，那就只有一個康有爲了。——他是近代中國，「現代化運動」這場長程「接力賽」中，第一個「接棒」跑其「第二段」的短跑健將。他跑完第二段，才由另一個廣東佬孫中山，來接棒跑其「第三段」——那個「急進派政治改革」（用暴力推翻專制政權）的階段。孫中山「建立民國」以後，問題仍是一籮筐，無法解決，才由胡適來接棒，跑其「第四段」——那個「打倒孔家店」、「全盤西化」的文化革命階段。此是後話。續篇中自另有交代。

可是話說回頭。在清末搞「緩進派」政治現代化——其實是「政治西化」（更正確一點的說，則是仿傚「英國模式」的「君主立憲」），爲什麼輪到康、梁師徒來執其牛耳呢？道理很簡單，康、梁都是廣東人嘛！在清末搞英美式的變法改制，廣東佬是得風氣之先的。那時候我們內地人把英美諸「夷」還看成只會製造殺人武器的野蠻民族呢！而當時的廣東佬耳聞目睹之餘，才開始承認野蠻民族的文化和政治社會制度，也遠遠超越我們呢！康、梁師徒便是當時在南方知識分子集團中，脫穎而出的佼佼者。

廣東、廣西兩省在我國數千年的政治史和文化史上，原是個落後地區。蓋漢族文化發展，原是自北而南的。廣東地居南陲，所以在文化上就落伍了。梁啓超說：「吾粵之在中國爲邊徼地。五嶺障之。文化常後於中原。故黃河流域、揚子江流域之地，開化既久，人物屢起，而吾粵無聞焉。數千年無論學術事功，皆未曾有一人出……」（見梁著

《康有爲傳》）。

可是三千年風水輪流轉。時至現代，漢家文化萎縮，西學東漸，則搞信奉洋教、變法維新、革命排滿的先進分子如洪秀全、容閎、孫文、康、梁……那就是清一色的老廣了。讓我們先把這位「康聖人」解剖一下。

解剖康有爲

康有爲（一八五八～一九二七）廣東南海人，長孫中山八歲。他出生之日正值「英法聯軍」（一八五八～一八六〇）入侵之年。他生後六年，他的小同鄉洪秀全所建立的太平天国就亡國了。在他的青少年期，我們那個百足之蟲的滿清大帝國，在咸豐皇帝北狩承德「龍馭賓天」，幼主登基、「兩宮垂廉」，「太平軍」與「捻軍」相繼覆滅之後，居然又搞出個「同治中興」（從一八六一年開始）的小康局面來。在一系列「科甲出身」的「中興名臣」，通力合作之下，表面看來，這個腐爛的王朝，倒頗有點「中興氣象」——至少政局還算安定。這一局面一直維持到「甲午」前夕。

〔附註〕一八八五年的「中法之戰」，對國內政局和人民的信心，影響不大。劉銘傳在台灣、馮子材在安南，畢竟還打了兩個小勝仗，足使當時朝野還保存點幻想。

筆者走筆至此，又要擱筆嘆息兩聲：在同治中興時期，那一批「科甲出身」的「中興名臣」，被後來國、共兩黨的理論家、宣傳家，眞罵得狗屁不值。可是我們一百年後，再回頭看看——那批狗屁不值的翰林、進士、舉人（早一點的林則徐、徐繼畬、阮元等不提了）如曾、左、李、胡、張（之洞）、翁（同龢）、陳（寶箴）、沈（葆楨）、劉（坤一）等等，在後來的國共兩黨政權中能找到幾位？有之，「有古大臣風」的泥水匠周恩來差可與之甲乙。可是周氏之外還有誰？朋友，你能小視我們的「固有文化」和「科舉制度」？不幸的是他們都生在「轉型期」中，而屬於前一期的「型態」，不能應付後一型態的發展罷了。——民國以後的洋奴大班、黨棍政客，是不能同他們比的啊！——這也是康有為青少年期的文化環境。因此這位「大材槃槃、勝臣百倍」（翁同龢評語）的小康祖詒（有為學名），在乳臭未乾之時，就有澄清天下之大志，而自封為「康聖人」了。

享有特權的小神童

他們南海康家，據有爲自述，原是嶺南的書香之家，世代官宦。他的高祖康輝是嘉慶舉人，曾任廣西布政使（俗稱「藩台」，從二品官，兼管一省民財兩政）；曾祖康健昌曾任福建按察使（俗稱「臬台」，也是二品官，爲一省最高司法長官）；祖父康贊修是道光朝舉人，曾任連州訓導（州內管秀才的學官），升用廣州府教授（府學內的候補教育長官）。他父親康達初學歷雖低，也在江西做過知縣，不幸早死。因此有爲早年教育的責任便全由祖父承擔了。以上是康有爲的直系親屬。其他近支有官至巡撫、知府的。所以有爲說他康家，爲士人已十三世。「吾家實以教授世其家」，至有爲終成進士。（以上均據《康南海自編年譜》）

因此青少年期的康有爲，在教育上是享有特權的。那時的農村裡既無學校，更沒有圖書館。少數兒童能有私塾可讀已是鳳毛麟角。縱有幸能進入私塾，而所讀的也只是些《三字經》、《百家姓》等等啓蒙之書。能讀畢四書五經，那也就到此爲止；其後的前途，就要看「一命二運三風水」的科舉考試了。爲著參加考試，一般士子所能繼續用功的，也只是一些「帖括」之學。「帖括」者，用句現代話來說，就是「考試指南」、「托福捷徑」一類的書。因此大半青年考生（包括青年期的梁啓超），都是「帖括之外，不知有所謂經史也」（梁啓超語）。——事實上一般士子，也無錢買經史之書。

可是康有爲在他求學時代就不一樣了。他不但家中有四壁圖書，堂叔家還有座「二萬卷書樓」，古今典籍應有盡有。再加上一個身爲名「教授」的祖父，終日耳提面命。有爲本人又聰明好學，有神童之譽，因此他在十一歲讀畢「四書五經」之後，就開始讀《綱鑑》、《大清會典》、《東華錄》及《明史》、《三國志》等典籍；並不時翻閱《邸報》（近乎民國時代的政府公報），熟知朝政時事。腹有詩書、下筆成篇，有爲自然就「異於群兒」。這也就養成他一生孤傲不群的壞脾氣。不過若論考試必備的「帖括之學」，他卻未必就高於「群兒」。因此在「四積陰功五讀書」的科場之中，康祖詒在廣州府連考了三次，到十六歲時才搞了個「秀才」頭銜。——注意：比康較早的洪秀全就在同一個科場中考秀才，三戰三北，才發瘋去見上帝的。

二十年老童生的辛酸

既然當了秀才，下一步就得參加「鄉試」考「舉人」了。當年廣東人考鄉試可在兩處參加。一在本籍（廣州），而成績較優秀的秀才（監生和貢生），則可去北京參加「順天府鄉試」，所謂「北闈」中的「南皿」。「皿」字是「監」字的縮寫。南皿便是來自南方諸省的有資格進「國子監」（國立大學）的監生。鄉試考取了，大家也都是同樣的「舉人」。可是考於北京的舉人可能就要比在廣州考取的舉人更光鮮些。

有爲於十九歲時（一八七六），在廣州第一次參加鄉試，顯然是帖括之學未搞好，結果鄉試不售。三年之後（一八七九）在叔父「督責」之下，重赴科場，又不售。再過三年（一八八二），有爲換個地方，去北京參加「順天府鄉試」，還是名落孫山。

三戰三北，這時康有爲已是個「老童生」。他易地參加北闈，可能就是避免在廣州科場出現的尷尬場面。明清兩朝的社會中，把「老童生趕科場」，是當成笑話來講的。康有爲自命不凡，是位極端倨傲的老少年。他顯然是受不了這種冷眼和暗笑，才避開鄉人晉京趕考的，殊不知「北闈南皿」比廣州鄉試更要難上加難。蓋在廣州和他競爭的只是兩廣一帶的當地學生。參加北闈南皿，他就要與整個華南菁英爲敵，而南皿當年往往爲江浙才士所包辦（參閱《清史稿·選舉志三》）。康祖詒捨易就難，就是知其不可而爲之了。

在唐、宋、元、明、清的「傳統中國」裡，知識青年的「晉身之階」(the ladder of success)只有科舉這一條路。吾之畏友何炳棣教授曾著有專書論之。考場往往是「賺得英雄盡白頭」的牢房。我鄉某前輩，三年一次，他老人家雄心壯志，老而彌堅，在「江南鄉試」中，前後一共參加了二十四次。最後一場失敗之後，曾賦詩自況曰：「可憐明遠樓頭月，已照寒生念四回。」「明遠樓」爲南京考場所在地，而「江南鄉試」總是在中秋前後舉行之故云。這時他童生老人家至少是年近九旬；所以和他相比，康老童生還有二十一次考中的機會呢！

果然光緒十一年乙酉（一八八五），康祖詒二十八歲，又老起臉皮走入廣州考棚，去和當地的青少年，一爭短長。榜發，又來個「鄉試不售」。三年又過去了，我們發現祖詒又在北京南皿試場出現；翌年在北京同一考棚（可能是光緒大婚的「恩科」吧），老童生又連續兩度落第。——計自一八七六（光緒二年）至此（一八八九·光緒十五年），十三年中，康童生六考六敗。這對一個自負極高的知識分子的心理的打擊，是不難想像的，虧他還有這個耐性和雄心。所幸蒼天不負苦心人。康有爲本已絕意科場，終老山林。可是他敵不過可憐的寡母（三十左右開始守寡）和諸叔的強大壓力；在他三十六歲時（一八九三），還要提著個「考籃」，再與一些十餘歲嘻嘻哈哈的小把戲，排隊走入廣州考棚，拚其最後一次的老命。果然有志者，事竟成。康有爲這一次「中舉」了。——前後做了二十年的「老童生」。其後時來運轉，連科及第。兩年之後，他在北京「會試」高中，居然當了「進士」——眞如鄭板橋所說的：「如今脫得青衫去，一洗當年滿面羞。」——板橋是康熙秀才、雍正舉人、乾隆進士！

學問是失意苦讀的收穫

康有爲考秀才曾三戰三北；考舉人又考得六試不售。到後來由舉人考進士，反而一索即得，豈科舉考試眞要靠「一命二運……」哉？其實考生勝敗之間，亦可另有解釋。蓋縣試、府試（考秀才）和鄉試（考舉人）的要點是文采重於學識。有文學天才的青少年再加點「帖括」（八股文）的訓練，就可以應付了。像「筆端常帶感情」的梁啓超就可以十二歲「進學」成秀才，十七歲中舉了。而中舉之後還是「帖括之外不知有學問」。他的老師康有爲則正相反。康氏有學問而無文采。落筆無才氣就要見扼於有地方性的科場了。至於中進士、點翰林，光靠才氣就不夠了。赴考者總得有點眞才實學和眞知灼見。所以科舉時代，不通的舉人（像《儒林外史》上的范進），隨處皆有；狗屁的進士、翰林則不多見也——畢竟是國家的最高學位嘛！所以康有爲六困於「鄉試」，一朝「會試」，他就以「會元」（會試第一名）自許了。

記得李宗仁代總統以前曾告訴我說：民國時代的職業軍官都是「桐柚桶」。除掉裝桐油之外，就是廢物。其實科舉時代的士子，也是桐油桶。讀書、考試、做官之外，也百無一用。做官要科舉出身，考試及格。考試不及格，預備再考，帖括之外也沒什麼好預備的。但是也有少數士子，除掉預備考試之外，是爲讀書而讀書的。讀久了也就可以變成一些專家學者。專家學者赴考不停再取得了功名，就成爲有學問的大官僚，像阮元、曾國藩、張之洞那樣。專家學者始終考不到功名的，也可做做優游泉林或笑傲王侯的「布衣」，有時心血來潮，也可搞搞無利而有名的「上皇帝書」。那時的中國既然沒有太多的官辦學堂，他們也可以辦學設校和開門授徒。——學問小的就做最起碼的「三家村塾師」（鄭板橋就做了半輩子塾師）；學問大的就辦私立大學、開書院，像東漢的「馬融絳帳」、宋朝朱熹的「白鹿洞」，和清代的各種書院了。

康有爲正是這樣。他在一八七六（光緒二年）十九歲，第一次「鄉試不售」之後，受了很大的刺激。做了一陣子塾師之後，乃投奔當時有名的進士、理學大儒朱次琦，繼續學習。朱是一位大學者，康有爲跟他學了不少東西，尤其是宋明理學。可是一學五、六年還是考不了功名，而自己的「學問」卻一天天地大起來——從儒學到佛學，從佛學到西學，熬了十年寒窗，竟然變成當時中外兼通的大字紙簍。因此在朱老師於一八八二年病死之後，有爲又一再鄉試不售。在繼續當了一陣子蒙童塾師之後，也就自我升級，試辦小書院，授徒講學了。

康有爲那時因數度晉京，道遊港、滬、天津等洋碼頭。並專程遊長城、西湖；訪金山寺、黃鶴樓、白鹿洞等名勝古蹟。讀萬卷書、行萬里路，交遊日廣。在名儒碩彥、達官貴人之間，論學衡文，評論國事，他這位康布衣且每在同儕之上。日子久了，竟然也頗負時譽。偶爾以老監生資格教讀廣州學宮，遠近學子，亦聞風嚮慕。在這些慕道者之間，居然有一位頗有才名的新科舉人，後來成爲康聖人第一號大門徒的梁啓超（一八七三～一九二九）。這一記「秀才老師、舉人學生」的搭配，就更使康童生聲價十倍了。

梁啓超投師始末

前段已言之，廣東新會縣出生的梁啓超是十二歲「進學」，十七歲「中舉」（都是虛齡）的神童。他在考中舉人時，竟被頗享時譽的主考官李端棻看中了，乃把他的堂妹許配給啓超爲妻。這不用說是當時傳遍華南的師徒佳話。但是梁啓超是聰明的，他知道他這位新科舉人，成名天下知的梁才子，肚子裡除掉一些「帖括」之外，究竟有多少「學問」。因此他在久仰康氏盛名之後，尤其是康氏搞第一封「上皇帝書」（一八八八）回來之後，便親自投拜門下，做了有爲的第一號大門徒了。

梁之謁康是在他「己丑中舉」（康於同科落第）後一年，光緒十六年庚寅，公元一八九〇年。時康有爲三十三歲，啓超十八歲。據梁啓超回憶說，他自己那時是「少年科第，且於時流所推重之訓詁詞章學，頗有所知，輒沾沾自喜……」（見梁氏《三十自述》）可是詞章訓詁康氏則斥之爲「數百年無用舊學」。他師徒初見時自辰（上午八時）至戌（下午七點鐘）一日之談，啓超覺得簡直是「冷水澆背，當頭一棒，一旦盡失故壘，惘惘然不知所從事」，直至「竟夕不能寐」。從此梁舉人就盡棄所學，去向康秀才從頭學起了。

行文至此，筆者亦不禁想起一件往事：在五〇年代中期某夕，余隨侍先師胡適之先生談訓詁學終宵，亦曾弄到竟夕不能寐的程度。乃起而作小詩數首，有句曰：「著書爲探生民術，忍共胡郎辨爾吾。」適之師作〈吾我篇〉與〈爾汝篇〉時，才十九歲。余發此感嘆時已三十中年。歷經寇患內爭，家破人亡。自覺「數百年無用舊學」，不忍再爲之肝腦塗地矣。初不知三十中年的康聖人，亦嘗發此感慨也。悲夫！

康秀才自得此高徒，不覺信心大增。翌年（一八九一・光緒十七年・辛卯），康氏在諸高足簇擁之下，乃移居廣州「長興里」，正式掛牌講學，這就是後來哄傳海內的「萬木草堂」了。

讀史者皆知道「萬木草堂」是後來康、梁變法理論的溫床；也是戊戌變法的幹部養成所。但是康有爲大師究竟在這所「堂」裡，講了些什麼學問和理論呢？這兒倒稍有釐清的必要。

聖人知道多少「西學」？

康有爲當時在「萬木草堂」中，向梁啓超等學生所講的學問，總的說來，大致有兩大類：「西學」和「中學」。康山長（滿清書院院長例稱「山長」，康似未用此頭銜）在那裡又講了些什麼「西學」呢？原來他數度自廣州乘洋輪北上，去北京參加「順天府鄉試」時，途經香港、上海、天津等地「租界」，見「西人宮室之瓌麗、道路之整潔、巡捕之嚴密，乃知西人治國有法度，不得以古舊之夷狄視之。」康氏在內心欽佩之餘，乃大購漢譯西學之書，潛心閱讀。久之也就變成當時寡有的「西學」行家了（見《康南海自編年譜》光緒五年、二十二歲諸節）。康有爲這種經驗與體會，實在和孫中山早年乘海輪的觀感完全相同。他二人因此也都成爲清末提倡西學的先驅。這種不尋常的文化經驗，我們內地的士大夫就望塵莫及了。

但是有爲不諳外語，而當時漢譯（或自日文重譯）西書，極其有限，且所譯亦均爲最初級的作品。這些作品中所介紹的史學文學和政治社會等科的內容，大致可比上五四運動以後的「高級中學教科書」的程度（毛澤東就是這個程度）；至於所談的聲光電氣等自然科學，其程度則遠在「初中」之下了。不過康有爲畢竟是位有「超進士」程度的儒家大學者，又是長於理學佛學的文章家，特別是善於演繹義理的成熟的「今文家」。他聞一知十、舉一反三——最長於望文生義，自己並不知其不知，就東扯西拉，大寫其《康子》上下篇了。

其實這不是「康子」一個人的毛病。它是文化轉型期思想家的通病。繼康、梁之後，直至今日的八、九〇年代，爲時人尊爲國學大師，而好以聖賢自詡的學人，也每每自覺微吾曹則民族就要遭殃、國家就要滅亡者，都是害有不患不己知的毛病。自信心太大，無不如此也。余夜讀康子選集，至其《大同書》未嘗不掩卷長嘆。如此書生，眞欲作「帝王師」耶？然自思論聰明才智，吾何敢上比任公？而任公竟爲乃師是書而焚香頂禮，亦不可解矣。其唯一可「解」之道，那就是時代的關係了。——這也就是筆者常說的笑話：若論對「天文學」的瞭解，則諸葛亮也比不上台北街頭的一個小學生了。

吾友劉賓雁先生每嘆今日中國之厄運，是沒有產生一個「眞正的大思想家」的結果。愚不謂然也。蓋眞能扭轉乾坤，領導我民族（恕我借用一套「今文家」的濫調），通過這個「據亂世」、致「昇平」、入「太平」，長逾一個半世紀的「現代轉型期」，不能依賴一、二至聖大賢，穩坐沙發之上，手不釋卷，而胡思亂想出來之所謂「主義」也、「思想」也。它要靠數不盡的「智者」(wisemen)，和常人(ordinary people)，乃至軍閥官僚、流氓地痞、洋奴大班的綜合「經驗」、「思想」、「實踐」、「試驗」等過程，並配合主觀和客觀的「機運」(chances & opportunities)，分期分段，積累而製造之也。哪能專靠一兩位「思想家」呢？

寫到這兒，我們也就要替「實驗主義」那個框框之內的歷史哲學家，尤其是杜威、胡適、鄧小平師徒的理論，說點公道話了。他們「實驗主義者」認爲在社會科學的領域之內（其實自然科學亦何嘗不然），是沒有什麼「終極眞理」(ultimate truth)的——「眞理」是在不斷製造，和不斷揚棄的程序之中。

「實驗主義先生」和「孫中山國父」一樣，學名譜名是搞不清的。稍一翻它的族譜，就可查出它的原名就有四個之多。曰「實驗主義」(experimentalism)也；曰「實用主義」(pragmatism)也；曰「機會主義」(opportunism)也；曰「機具主義」(instrumentalism)也。

杜威的「實驗主義」事實上是個「實驗報告」(lab report)。他把美國這個大實驗室中，兩百年來實驗的結果，加以總結而「概念化」(conceptualized)之。

胡適就不然了。胡氏沒有進過實驗室。他所著重的只是杜威的抽象概念。多談「概念」還不是多談「主義」，而他的「主義」，卻沒有觸及當時中國的實際「問題」。所以他那套「實驗主義」，很快的就讓位了。

我國「實驗主義」的「三世」鄧小平所搞的「黑貓白貓論」，事實上是一種「機會主義」。但是我們可別忘了，「機會主義」原爲「實驗主義」的基礎。只是「實驗主義」重在「實驗」。任何實驗其結果都是有正反兩面的。搞「否定之否定」是最困難的實驗。所以鄧公今天的身分不是「垂簾聽政」的西太后·,他是個穿著牛仔褲的「實驗室主任」(lab director)。實驗成功便可加入楊振寧、李政道行列，得諾貝爾獎金。實驗失敗，就只好到北京街上去蹬三輪了。

筆者在本節內寫了偌大一篇似乎與主題無關的議論，目的無非是想指明，要想把我國政治社會和文化型態從中古的東方式，轉型入現代的西方式，是多麼複雜的運動。歷史包袱太重，康有爲以他所具有的那一點點中學程度的西學常識來搞變法維新，眞是蚍蜉撼大樹，其失敗在起步之前就已決定了。百年回看戊戌變法眞如在玻璃球中也。可是康聖人在儒學上的火候就不那麼簡單了。下面闢專篇再細論之。

*原載於台北《傳記文學》第六十卷第四期

六、「新學僞經」和「託古改制」

康有爲在「萬木草堂」內所授的「西學」，包括他在近代中國教育史上開天闢地的體育課，都是些很原始的啓蒙性的東西，值不得多費墨筆，故在上篇首先提出後，便一筆帶過。

「萬木草堂」中學科的重點，是它的儒教「今文學」，和康氏用今文學觀點所發展出來的兩本教科書《孔子改制考》、《新學僞經考》。所以今文學實在是康氏變法的「意蒂牢結」的根基所在。

康有爲是在近代中國，受西學挑戰而奮起搞政治改制的第一位改革家。他對傳統中國的學術思想和政治社會制度的瞭解，是蔚成宗師的，雖然他搞的到底只是中國思想的偏鋒。可是他竟然能以此高度發展的中學偏鋒，與最幼稚的西學認知相結合，搞出一套他自己的康有爲思想，並畫出他自己的「以君權行民權」的建國大綱的政治藍圖。再來個挾天子以令諸侯的方式加以推行。結果弄得人頭滾滾，一敗塗地。但是康之起伏也標誌出中國現代化運動中一個承先啓後的重要階段。我們如不把康有爲弄清楚，我們也就很難瞭解繼康而起的孫中山、陳獨秀、胡適、毛澤東乃至今日的鄧小平和「民運人士」了。康有爲的「意蒂牢結」的根基既然是傳統儒術中的「今文學」；但是今文學又是個什麼東西呢？康子這兩部大著，所講的又是些什麼內容呢？爲康氏以後諸大家作導論；也爲一般讀者作參考，且讓不學略事鉤沉。

「今文學」淺說

談起「今文學」，我們不得不從秦始皇於公元前二二一年（始皇二十六年）統一中國之後，在文化上做了幾件大事說起。第一件便是「文字改革」，所謂「書同文」是也。統一之前的中國大陸是七國不同文；齊（山東）楚（安徽、湖北、湖南）不同語的；

而秦文與六國之文，隔閡尤大。統一前（亦如今日之「解放前」），秦人所用的是大篆、小篆和他們的簡體字隸書。統一後乃悉廢大小篆（包括秦人專用的古「籀文」），改用官訂「隸書」。六國既被它統一了，秦政府也盡廢六國之古文，一律改用隸書——這是人類歷史上空前絕後的「文字大改革」。它也是全人類文化史上文改最成功的一次。

東亞大陸上的東方文明，原是有其一致性的。但是自周平王東遷（公元前七七一年）至秦始皇統一列國（前二二一年），七國文明的分別發展，已長達五百五十年。由於各國文字不同、語言各異，再加風土人情、生活習慣也頗有差異：晏子所謂「生於淮南則爲橘、生於淮北則爲枳」是也。所以各國雖共有《詩》、《書》、《國語》和諸子百家之學，彼此之間，「大同」固有，而「小異」亦多多也。（請參看現代白種人的歐洲諸國之間的異同。）

值得注意的是：「小異」者，不徒文字書法之不同，義理之間亦每有嚴重區分也。如今盡廢各國原有之「古文」，而以秦人專用的「今文」（隸書）改寫之、統一之，「今」、「古」文版本之間的區別，立刻就暴露出來了。是者是之、非者非之。所以在秦始皇的「文字改革」之後，今古文之爭，本來就呼之欲出了。——這一情況，在中世紀歐洲，和東西羅馬的「聖經學」中，也鬧得很厲害。最可笑的莫過於今日的國共兩黨之爭。它們於政爭之外也就逐漸引起「繁體字」、「簡體字」之爭了。余於大陸上曾聞有「代表代表」的笑話。今日不加澄清，則五百五十年後，「繁文家」勢將解爲「代表之代表也」；「簡文家」就要釋爲「帶錶的代表」了。

文化本來也不是請客。你痲煩你的，我痲煩我的；河水不犯井水，各痲其煩可也。但是痲煩之間要牽涉到政權問題、飯碗問題、砍頭問題，那麼問題就大了。

秦始皇搞「書同文」，本是好事。可是他陛下於統一後八年（公元前二一三年），忽然來個「焚書阬儒」並下「挾書之禁」。老百姓如私下藏書，看情節之輕重，就要被「黥爲城旦」（臉上刻字、下放勞改）、砍頭，甚至「族誅」。這一下便把東亞大陸，搞回到石器時代。民間要做點學問，就只好靠口述錄音了。

最高到有族誅大罪的「挾書之禁」，不因秦亡而稍弛。漢沿秦制，書禁未解。直至惠帝四年（公元前一九一年），這條死罪大法，才被撤銷，它前後延長了二十二年之久。解禁之後，社會上通用的已全是「簡體字」的「隸書」。禁書之前包括七國古文的「繁體字」，什麼「大篆」、「小篆」和「古文籀書」，便甚少人通曉了。可是書禁既解，則「燔餘之書」（包括始皇燒的和項羽燒的），和匿藏之書（像伏生家中和孔子故宅偷藏的「壁中書」），往往皆出。在政府鼓勵之下，國立中央圖書館（中祕書）中也堆滿了斷簡殘篇。爲整理這些殘書和口述稿，大家就只好全部使用簡體字（隸書），所謂以今文讀古文是也。「以今文（隸書）讀古文（篆、籀）」事實上也是一種翻譯工作。不同的譯者作相同的翻譯，其結果往往不同。更何況七國古文，各有其「異文」，而口述者如伏老先生，又不會講「標準國語」，這樣問題就大起來了。——君不見吾友柏楊以「白話」來翻譯「文言」《通鑑》哉？更不見，「通鑑廣場」及衆多媒體，見仁見智者，對柏老之棍棒交加耶？這就是發生在兩千年以前的「今古文之爭」的現代版了。明白了柏楊近年之惱火，則兩千年來今古文之爭，可思過半矣。

從董仲舒、劉歆到黨的領導

兩千年來論今古之爭者無慮數十百家，拙作斯篇多採比較深刻的王國維說，誌之示不掠美也。這一發生在兩千多年前的學術爭辯，正如發生在二十多年前的有關「海瑞罷官」的辯論。如照京兆尹彭眞在〈二月提綱〉裡的辦法，把它限制在教育文化部門也就罷了。無奈中國知識分子，絕大多數都是利祿禽獸。任何有關文化的小事，都要搬到政治上去。為的是入黨做官，有權便有一切也。要奪利，首先就得爭權。這樣便牽涉到兩位關鍵人物，董仲舒和劉歆了。

大家都知道董仲舒是搞「罷黜百家、獨崇儒術」的儒家大政客。他說服了漢武帝設立「五經博士」和國立中央「太學」，而當「太學生」（也就是所謂「博士弟子」）則是入朝為官的終南捷徑。

董仲舒（公元前一七九～前一〇四）專治《春秋・公羊傳》，可說是今文家的鼻祖。他所建議設立的「太學」，自然也就是一座今文大學；五經博士所授的自然也是今文五經了。董仲舒這批「史達林主義者」，既然把持了黨校，左右了黨的「意蒂牢結」，操縱了入黨做官的「仕途」凡數十年也就罷了。誰知半路上又殺出個「托派」來。這一托派的首領，便是在國立中央圖書館中奉命整理燔餘殘書的劉歆（公元前五三～公元二三）。

劉歆和他的父親劉向（公元前七七～前六），原都是中央圖書館裡的編審和管理人員。二人都寫了不少卷有關「目錄學」的名著——那也是人類文化史上最早出現的目錄學。劉歆顯然比他爸爸更有學問、更調皮。他在這些殘書中卻偏偏看中了一本驚世駭俗的「古文」名著《春秋・左氏傳》。

漢初今文學家治《春秋經》原只有《公羊》、《穀梁》二「傳」（「傳」在歐西「聖經學」中叫做commentaries）。劉向原也是專攻《穀梁》的「今文家」。如今他兒子忽然憑空突出了古文經《春秋・左氏傳》；而這《左氏傳》的史學內容、文學光彩和哲學義理，都比酸溜溜的「公」、「穀」二傳要高明得多。原發現人劉歆乃奏請皇帝（漢哀帝），把《左傳》以及和它類似的古文經《周禮》、《毛詩》、《古文尚書》等頒入太學，成立正式科系，設置專科「博士」，招收「博士弟子」，與今文科系，平起平坐。漢哀帝當時對「春秋三傳」和今古之爭，倒頗有持平之論，但是縱是皇帝也彆不過把持黨校、左右朝政的今文派官僚。他們堅決反對把古文經列入官學，並說古文經，尤其是《左傳》，是劉歆僞造的。所以終兩漢之世，官學始終爲「今文家」所把持；「古文家」只能在山林之間，辦辦私立大學，不能入黨做官。——誰知劉歆這位古文家的鼻祖也有其歪運。在公元九年時西漢王朝就被王莽篡奪了。王莽篡漢之後，建立了他自己的大新帝國。王莽和劉歆是少年時期的好友，又是個好古成迷的「新朝」新皇帝，他要改變舊朝的一切文物制度，包括太學裡的學制。因此他就任用劉歆爲「國師」，來個經學大翻身。把所有的「今文經師」趕掉，而代之以「古文經師」。不用說《春秋・左氏傳》、《毛詩》、《周禮》、《古文尚書》等等，都變成了新朝的官學。其餘各科系自然更是古今並列而以古文爲主了。這些古文經，尤其是《左傳》，也就是康有爲所說的「以周公篡孔子」的「新學僞經」了。（康著《新學僞經考》就是用全力來證明《左傳》是劉歆拼湊的「僞經」。）

可惜好景不常，王莽的「新朝」只搞了十幾年就亡國了。公元二十四年，劉秀建立起東漢政權之後，漢官舊儀，全部恢復。新莽的一切建置乃全部罷禁。因此東漢二百年中官辦文化教育，仍是「今文經」獨霸的局面。

但是「今文學」之所以能獨霸兩漢四百年坫壇的道理，實在是「政治掛帥」有以致之。它既變成政客黨棍的衣食父母、利祿工具，則「今文學」便和現在的「毛選」和「遺教」等等一樣，也就離學術愈來愈遠了。而潛心學問、有爲有守的「古文學」大學者如馬融、鄭玄等所辦的私立大學，反變成清望所歸、全國風從、一枝獨秀的學術重心和民主人士了。日月推移，他們終於壟斷了「漢學」的名稱。後世之人搞古典研究之所謂

「漢學」、「宋學」者，前項實專指東漢的馬融、鄭玄、服虔、賈逵、許愼之學也。兩漢官方所堅持的「今文學」不與焉。因此在學術界不知輕重而硬要搞黨的堅持者，讀我書，其三思之。古史未始不可爲今用也。

「先師」和「素王」

我國漢代的今古文之爭，今文家猖獗了四百年，倒頭來反被古文家佔了上風。一言以蔽之，這就是「學術」和「政治」的關係了。搞政治的光彩是一時的；搞學術的成就則是永恆的。東漢王朝的毛病就是把學術和政治分了家。搞「意蒂牢結」的都只是一些不學有術之士。

古文經學既被趕出了政治圈，和利祿絕了緣，三百餘年的演變，終於使它變成一項「純學術」的研究。白頭窮經的老學究們，一個接一個「窮」下去，乃開創了我國古典學術裡的注疏箋證、訓詁考據的主流學問來。是則是之，非則非之；「有一分證據說一分話，有九分證據不能說十分話。」這種「科學實驗室的態度」，竟能把目空一切的國學大師章太炎，和「中西之學俱粹」的胡適之，後來都網羅到「古文家」的隊伍裡去。

而清初的「樸學家」，乾嘉的「漢學家」，自然更是古文家的嫡傳了。他們自己實事求是，一絲不苟。酸則有之，馬虎則絕不許也。他們自己如此，從而認定他們的開山老師，那位刪詩書、定禮樂的聖人孔丘，也是如此，因此在他們「古文家」的學派裡，孔子就被尊奉為純學者的「先師」了。

今文家就不是這樣了。他們是搞「黨的領導」、「一言堂」、「罷黜百家」起家的。凡事要「政治掛帥」、「學術是要為政治服務的」。然則搞政治又所為何來呢？曰：搞政治是維持「黨的領導」、「以黨治國」、「為人民服務」，「其目的在求中國之自由平等」。「深知欲達到此目的，必須喚起民衆」，去擁護革命、參加革命和完成革命。完成革命之程序有三大階段，國父曰：「軍政」、「訓政」、「憲政」是也。其實所有主張搞集權政治的語言，都是大同小異的。今文家搞治國、平天下（那時的「天下」就是中國本部）也有三大階段，曰：「據亂世」、「昇平世」、「太平世」是也。所以在他們看來，做學問、寫歷史，都不應該是「為學問而學問」。它們應該是「有所為而為之」。因此什麼「訓詁辭章、考據注疏」，什麼「大膽假設、小心求證」，都是些「數百年無用之學」（康有為語）。毛主席不也說過嗎，「這是個原則的問題」；「這是個『爲誰服務的問題！』」（見〈延安文藝座談會講話〉）所以治經書、讀歷史、搞文藝重在明瞭「義理」。義理既明，寫歷史就應該「以論帶史」，甚或「以論代史」。至於歷史事實，縱寫它個「七眞三假」（四人幫的教條），又何傷哉？孔子不也說過：「大人者言不必信，惟義所在」嗎？

今文家們本身既有此意念，他們心目中的祖師爺孔子，也就是這樣的救世濟民、學以致用的政治家，而不是搞「純學術」的「先師」了。在今文家的認知中，孔子不只是「刪」詩書、「定」五經的大編輯。他老人家是六經的作者。「六經」（《易》、《書》、《詩》、《禮》、《樂》、《春秋》）是孔子本人的「選集」和「建國方略」、「建國大綱」。孔子是要根據這套藍圖去變法改制，去重振那「王綱解紐」了的東周衰世。但是他的孫子不是說他的爺爺「祖述堯舜、憲章文武」（見〈中庸〉）？他自己不也說：「殷因於夏禮……周因於殷禮」（《論語・爲政》），所有文物制度都是前後「因襲」的嗎？「和平演變」的嘛！什麼鳥變法改制呢？今文大師說：孔子布衣也。布衣欲改王制，談何容易。所以他怕他同時的人不相信他那一套新制度，所以他才僞「託」「古」聖先王，來「改」變「制」度啊！夫子是「聖之時者也」。我們怎能以「僞託」小節，來拘泥局限偉大的政治家呢？

所以今文家認爲孔子不是搞「無用之學」的迂夫子和「先師」什麼的。他是一位活生生的救國救民，終日棲棲遑遑搞行動的政治家。可惜他不在位，但是正是如他的大弟子子夏所說的，他是一位「素王」！「無冕之王」（新聞記者）！

「我們安徽」的「乾嘉之學」

可是這種只著重哲學的「義理」，而藐視史學「眞僞」的「今文學」，兩漢以後就失勢了，因爲它失去了政治上的靠山。隋唐之際，以詩文爲時尚，經學浸衰。今文學就尤其顯得灰溜溜的了。可是今文學本身的學術性，還是有其客觀的價值。宋明之際它那重義理、薄史實的精神內涵，又被宋儒承襲了。只是兩宋的「道學」是受印度思想的影響所形成的。「由佛返儒」的「道學先生」們，特別推崇〈大學〉、〈中庸〉（《禮記》中的兩個短篇），著重在個體的「修身養性」和「明心見性」。對「今文家」的「尊素王、張三世」那一套，心既非之而口亦不是。他們對孔子的看法，還是比較接近「古文家」、「至聖先師」的主張呢！明代的王（陽明）學雖繼陸（九淵）而非朱（熹），然在中國哲學大宗派上說，程朱、陸王基本上是屬於「理學」這個大範疇的。

時代發展至清初，由於異族入主，文網孳嚴，清初諸儒，再也不敢亂碰什麼華夷之別、君臣之分的義理上的大道理。加以三代以下無斯盛，歷朝「諸夏之君」卻遠不如目前的「夷狄今上」，所以他們對滿族的統治也頗能相安。繼續搞其《明夷待訪錄》（清初明遺老黃宗羲所著）一類的學問，冒砍頭之險也大可不必。思想搞通了，清初諸儒乃摒棄「理學」，而一頭栽入故紙堆，大搞其「漢學」（他們叫做「樸學」）。此風至乾隆（一七三六～一七九五）、嘉慶（一七九六～一八二〇）之間而大盛，人才輩出，學風鼎盛。迨婺源江永（一六八一～一七六二）和休寧戴震（一七二三～一七七七）同領風騷之時，盛極一時的「乾嘉之學」，簡直就變成「我們安徽」（胡適口頭語）的「徽學」了。受了老鄉戴震的絕大影響，那位「三分洋貨、七分傳統」的青年古文家胡適（一八九一～一九六二），在五四時代就要以戴震的「方法」，來「整理國故、再造文明」了。

胡老師也因此在三〇年代的思想界就顯得「臭烘烘」和「臭名昭彰」了——這是他的大弟子，也是當今執社會主義經濟學牛耳的千家駒教授對他的評語。最主要便是胡適鑽入古文家的字紙簍，做了「新思想」（也是現代的今文家吧）「逃將」的緣故。

在四、五〇年代那個改朝換代的時代裡，億萬人民為之家破人亡。青年華裔自相殘殺，血流成河。部分知青，或悲或喜。大部分知青則不知何擇何從。他們把固有道德、固有文化，已丟得乾淨，而在有關國族存亡的「新思想」裡，也找不到答案。但是在此同時卻發現他們所仰望的「啓蒙大師」，搞新思想義理的一世祖，卻在大鑽其《水經注》。而他老人家對「民主法治和人權自由」等等的理解，與其說是「科學的認知」，倒不如說是「宗教的信仰」。——《水經注》何物哉？「數百年無用之學也」，也值得如此大搞特搞？這種心情也幫助我們理解到，梁啓超何以在一夕之間，就變成了康有為的信徒。它也幫助我們理解到，為什麼國故學中的「今文經學」，在僵死二千年之後，在清末忽然又復活起來？何以胡適的「整理國故、再造文明」，始終搞不出個氣候來？而馬列主義和毛澤東思想反能顛倒青年，左右國政！

現代今文學的宗師

在清末今文經學之復振，實始於劉逢祿（一七七六～一八二八）、龔自珍（一七九二～一八四一）和魏源（一七九四～一八五七）諸大家。龔、魏都曾親歷鴉片戰爭之痛。定菴（自珍字）強調「自古及今、法無不改」。魏源則認爲「知」出於「行」，主張「師夷之長技以制夷」。他們的學理，都是康有爲思想的背景。康原是治「理學」的。他由理學，轉治《公羊》，則是受一位四川佬廖平（一八五二～一九三二）的直接影響；而廖平又是曾國藩幕僚湘潭王闓運（一八三三～一九一六）的學生。廖氏無行，學凡六變。但是他的〈知聖〉、〈闢劉〉諸篇，則是康有爲的兩大理論著作之所本。梁啓超說：「今文學運動之中心，曰南海康有爲，然有爲蓋斯學之集成者，非其創作者也。有爲早年酷好《周禮》，嘗貫穴之，著《政學通議》。後見廖平所著書，乃盡棄其舊說。」（見梁著《清代學術概論》）

本來嘛！任何學說思想，都不是天上掉下來的。它是相襲相承，前後思想家，慢慢地發展出來的。有爲思想的來源雖出自廖平，但是他學問比廖大；悟解力也超過廖平，甚至龔、魏諸氏。其影響力亦遠大於上述諸子。因此我們如要肯定一位清末民初也就是現代今文學的宗師，那就非南海莫屬了。——這是康有爲在現代中國學術界的地位。

「長」於「素」王，「超回」「駕孟」

今文經學既然是指導康有爲搞維新變法的意蒂牢結，因此我們在列舉有爲變法的實際行動之前，最好把爲幼稚西學所滲透的康氏今文學的要義，再約略提綱挈領一下。梁啓超說得好：「戊戌維新，雖時日極短，現效極少，而實二十世紀新中國史開宗明義第一章也。」（語見《康有爲傳》，載《飲冰室文集》）眞的，我們如不把「開宗明義」的「戊戌變法」的「意蒂牢結」先搞明白，以後接著而來的「辛亥革命」、「五四運動」、「聯俄容共」、「法西斯運動」、「解放運動」、「反右大躍進」、「文革」乃至今日的「開放與民運」，都不容易說清楚。因爲它們都發生在同一條三峽裡，只是各自有其不同的階段罷了。——我們要把三峽看成一個整體的地理單位。各階段的連鎖反應，（讓我套一句時髦名詞）也就是一種分不開的「辯證發展」而已。

康氏今文經的第一要義蓋爲他自吹的爲往聖繼絕學。康氏認爲東方文明的正統是儒教；儒教的正統是今文學，而今文學自東漢以後，二千年來都爲「僞經」所篡奪。所幸天不亡中國，如今又出了個康聖人來恢復聖教眞義，來以夷制夷。康氏對他這種繼絕學的自信心，已發展到入魔的程度。在萬木草堂時代，有爲竟自號「康長素」。「長素」者，「長」於「素」王也。孔聖人哪能比得上「康聖人」呢？

康有爲不但自封爲今日的素王，他的五位及門弟子也各有逾越孔門「十哲」的名號。試列如後：

陳子秋號「超回」——超越顏回也。

梁啓超號「軼賜」——軼義爲超車。啓超超過子貢也。

麥孟華號「駕孟」——騎在孟子頭上也。

曹泰號「越伋」——孔伋（子思）何能與曹某相比也。

韓文擧號「乘參」——把曾子當馬騎也。

這個康門五哲之名（見馮自由《革命逸史》）如果眞是康聖人自己取的，他的自大狂也可想見了。所以梁啓超說康「先生最富於自信力之人也。其所執主義，無論何人不能動搖之。於學術亦然；於治事亦然。不肯遷就主義以徇事物，而每鎔取事物以佐其主義。常有六經皆我注腳、群山皆其僕從之概。」（見同上）

「最高領導」都是獨夫

乍聞之下，我們會覺得康有爲害了自大狂。其實非也。這是我國傳統知識分子的通病。傳統儒生治學有了自信心，往往就有「以天下爲己任」的自大心理——一種捨我其誰的個人英雄主義。我們中國知識分子幾乎全是個人英雄的「單幹戶」和「個體戶」。他們眞要「在位」，中了頭獎，當了「總統」、「主席」、「大元帥」、「最高領導」等等，未有不是「獨夫」的。得不了獎，賫志以歿的，也不甘心與草木同朽。他們還是要以「帝王師」自詡。大家都有「捨我其誰」的抱負；誰也不會想到「以天下爲『公』任」。顧炎武說「天下興亡、匹夫有責」；孫文說「天下爲公」；毛澤東說「爲人民服務」。這些話其實也都是一種「捨我其誰」的雋語名言。最近才去世，有「中國脊樑」之譽的梁漱溟先生，便是一位標準的「以天下爲己任」的傳統儒生。不幸他這「捨我其誰」的脊樑，卻碰到一個「唯我獨尊」的腦袋，所以漱老就被罵得名滿天下了。再反看過去四十年，避秦海外的所謂「三聖七賢」諸大師，和大師的弟子們，哪一個又不是超回駕孟，以「脊樑」自任呢？只是沒有這天賜良緣，在金殿挨罵就是了。事實上這些大師和他們的弟子們，也確有其「治國平天下」之才，只是時代不同了。他們乃至那些總統主席們如早生二百年，都不失爲明君賢相。因爲在那個時期，當明君、作賢相，自有其固定的框框可循。這框框是數千年億萬勞碌子民，和數不清的明君賢相，智慧與經驗慢慢累積起來的。明君賢相們，只要篤守框框，按理出牌，再讀他「半部《論語》」，也就可以馬馬虎虎地治國平天下了。不幸他們卻生在我輩這個受西方「文化侵略」（中山語）和「文化汚染」（小平語）的時代，要來搞個張文襄公的「五知」（見《勸學篇》），可就不那麼簡單了。「五知」者：

一、知恥——恥不如日本……

二、知懼——懼爲印度、懼爲埃及……

三、知變——不變其習、不能變法……

四、知要——西藝非要、西政爲要……（小平應三復此言！）

五、知本——在海外不忘國，見異俗不忘親，多智巧不忘聖……

張之洞這項「中學爲體、西學爲用」的高論，用句目前的新名詞來說，便叫做「文化融滙」(acculturation)——也就是不同文化之間的截長補短。可是鐵鏡公主說得好，「駙馬爺，您要我怎麼『長』？怎麼『短』呀？」要「知道」中西文化之間的「長短」，不但駙馬爺不夠格，康有爲、張之洞也不具備「知道」的條件；鄧小平、陳雲也要傻眼。連個「中西之學俱粹」的胡適，縱粗知其長短，亦不知如何去「融滙」，因爲acculturation不單是「智慧」(wisdom)的問題；它牽涉到「實驗」(experimentation)、「時機」(timing)甚至「機運」(chances)等多種條件的滙合。這是整個社會長期的運作；佛語所謂「福慧雙修」，不可一蹴而幾的。所以少說大話，搞點「黑貓白貓」，從頭來起，也未始非解決之道。

如此說來，則康有爲所搞的不但不是acculturation，反而是一種cultural division(文化割裂)。他把那些原不成問題的學術問題，所謂「今古文」的教條(dogmatism)，搬出來和人吵架，使它成爲變法維新的絆腳石，就是本末倒置了。

歷史不會重演，而覆車則可以爲鑑。如今大陸上總算天不亡中國，把個大教條專家放進玻璃棺材裡去了。而繼起的小教條們，還在搞什麼他們自己也一竅不通的「姓社姓資」的空頭主義，吾爲之掩卷嘆息也。

當康有爲在一八九五年搞其「公車上書」和「強學會」之時，全國風從，連李鴻章、張之洞、袁世凱等都甘附驥尾，是何等聲勢?!其不旋踵而滅者，亦是空談主義，以短取敗。讀者如不憚煩，下篇再結論之。

*原載於台北《傳記文學》第六十卷第五期

七、公車上書和保國保種

「聖人」要「國父」拜師

甲午戰後在中國興起的政治改革熱潮，上篇已略有所述，原有急進、緩進兩派的。康有爲所發動的緩進派，比楊衢雲、孫逸仙所搞的急進派還要早兩年——孫中山於一八九三年在廣州行醫時，原來也是個緩進派。他爲仰慕康氏，曾託友好轉致結交之意。誰知康氏自高自大竟然說「孫某如欲訂交，宜先具『門生帖』拜師乃可」，拒不見孫。中山原也是個「捨我其誰」的人，何能拜康有爲做老師呢？二人因此就緣慳一面了（見馮自由《革命逸史》）。翌年孫上書李鴻章時，又碰到一位更自高自大的老官僚，抹了他一鼻子灰。中山一怒之下，才捨緩就急，遂轉往夏威夷自組其「興中會」，並結交了楊衢雲來聯合造反。誰知楊衢雲又是個唯我獨尊的人（見《謝纘泰回憶錄》）。一槽容不了二驢，中山其後竟變成急進派的單幹戶。

康有為原來也是個求政治改革的單幹戶。當他在傳統的科舉制度裡屢考屢挫的沮喪心情之下，他就想到科舉制度，甚至所有傳統官制和社會習俗之沒有道理。再加上在香港、上海、天津一帶租界裡的所見所聞，益發增加了他要求改革開放的信心。一八八八年（光緒十四年）秋，那時年已三十一歲，在北京參加鄉試，再度落第的老秀才康有為，感身世之落泊，思國事之蜩螗，內心實在忍不住了，乃認定時在朝中當權得勢而頗負時譽的三位高官翁同龢、潘祖蔭、徐桐為目標，投書論國是。主張變法維新——這是他搞變法改制實際行動的開始。

以一介「布衣」向朝中當權的公卿，寫公開信，論國事，評時政，並自述身世學養，發懷才不遇的牢騷，原是我國古代窮知識分子的老傳統。在那個既無報章雜誌能讓你投稿，又沒有民主牆能讓你貼「大字報」的專制時代，這本是窮知識分子發表政見，和在人才市場標售自己唯一的辦法。「世有伯樂，然後有千里馬。千里馬常有而伯樂不常有。」我們那位「文起八代之衰」，而以四條腿「千里馬」自況的韓文公韓愈，便用這種方法在人才市場亮過相。同樣的我們那位「斗酒詩百篇」、古今第一大詩仙李白，也在這一自由市場中標價出售過自己。篇前所言，我們的孫國父，不也上過書？

那些「買主」(buyers)如上述朝中那三位權貴，爲著「愛才」、爲著「頗受感動」，或許只是爲著「沽名釣譽」搞「野無遺賢」的玩意，往往也「禮賢下士」一番。如此勞資兩利，相互宣傳，足使三尺微命，一介書生也得以揚名天下，光宗耀祖。就在這個傳統之下，康有爲向三位權貴上書之後，竟頗受青睞。三人之中尤其是翁同龢對他最爲器重。

透過皇帝的老師上書

翁同龢那時是個不折不扣的「帝王之師」。他是同治、光緒兩個小皇帝的老師，出入宮禁三十餘年。在百日維新之前，他每天都要到毓慶宮去替光緒講書的。在小皇帝日漸長大，垂簾老太后預備「歸政」之時，同龢正是當朝的「宰相」——加太子少保銜的

「協辦大學士」；兩入「軍機」，兼總理各國事務。他與那時權傾朝野的李鴻章，簡直是平分朝政。時人揶揄他二人說：「宰相合肥天下瘦，司農常熟世間荒。」其權勢亦可想見一斑。加以同龢又是「狀元及第」，系出所謂「父子宰相、叔姪狀元」的翁氏名門，眞是天下無雙的士林泰斗。

有了這樣一條好「關係」和大「後門」的援引，康布衣在北京文化界和官場中的知名度也就日漸高漲。台閣之中既不乏紆尊降貴的高官時加捧場；翰苑中的文士更以交結爲榮。這樣一來，康君一不做二不休，就要向皇帝直接寫信了。

老百姓，尤其是自命不凡的時賢名士，爲著國家大事向皇帝直接寫信，也是我國的老傳統。自周武王時代的伯夷、叔齊開始，正不知有幾千百人如法炮製。可是搞「上皇帝書」是有重大冒險性的。上得好，固然天恩有加；上得不好，惹起龍顏大怒，往往也被「下廷尉」、「下蠶室」，弄到殺頭抄家的下場。

康有爲搞第一次「上皇帝書」是在一八八八年（光緒十四年），也就是他見重於翁同龢的那一年。這時剛好在皇帝祖墳附近發生了「山崩千餘丈」的災難。這在傳統的迷信上，叫做國有大故，天意示警。康氏乃誇大這個天意，上書請皇帝「變法維新」；並責難朝廷「不復登用人才」，但是皇帝是沒有通訊處的，他得找翁同龢代遞。孰知翁氏覽書膽怯，就打了回票。

康之上皇帝書雖然上不去，可是畢竟是轟動朝野的大事。該書自然也是一篇今文大儒的嘔心瀝血之作；一篇膾炙人口的政論文章，遍傳海內。水漲船高，有爲也就隨之文名大噪。因此這年他落第還鄉，辦起「萬木草堂」來，不特新科舉人梁啓超慕名而來；那位潛龍在田的孫中山也想結交他一下。中山於一八九四年向李鴻章上書的靈感，可能就得自康有爲。

「公車上書」始末

有爲在草堂中教了三年書，想不到時來運轉，於一八九三年（光緒十九年），三十六歲的老童生居然在廣州鄉試中了「舉人」。有了「舉人」的資格，康聖人也就可以與比他小十五歲的天才學生梁啓超，聯袂去北京參加「會試」，爭取「進士」的學位，作「天子門生」了。

康、梁師徒於一八九四（甲午）及一八九五（乙未）年兩度入京。這時中日「甲午之戰」方酣。我海陸兩軍，兵敗如山倒；全國震動、人心惶惶。朝臣或主遷都抗戰，或主訂約媾和，莫衷一是。當時年輕的光緒皇帝，和他那並不知兵的老師翁同龢，原屬主戰派；而比較知彼知己、老謀深算的李鴻章集團，則說動年老怕洋的西太后，實行議約謀和，因此也發生一連串的「廣島拒使」、「馬關議約」的國恥大事。——朝中也隱隱地形成帝后二黨，暗中對立。

就在這國族岌岌可危的年頭，北京卻是個熱鬧非凡的城市。第一，一八九四這一年慈禧太后（一八三五～一九〇八）虛齡六十歲。這位有權而無知，當國三十五年性喜奢華的女獨裁者，挪用了海軍經費和京奉路款，加上內府外省的各種奉獻，共花去白銀數千萬兩，大修其「頤和園」及東陵的墳墓。奇技淫巧，工匠藝人，麇集北京，極一時之盛。第二，是年又是科舉制度中的「會試」之年。各省新科「舉人」數千人，各傾家當，齊集北京參加會試。

誰知就在這場熙熙攘攘的假繁榮裡，忽然漁陽鼙鼓動地來，王師潰敗，噩耗頻傳。一八九五年初春當乙未科進士正企待發榜之時，〈馬關條約〉中對台灣與遼東之割地及兩萬萬兩賠款之噩耗，亦適時而至。一時群情鼎沸。新科舉人數千人乃發動學潮，伏闕上書，誓死抗日。其中尤以台灣籍青年舉人之痛哭流涕，最是感人。在此群情激昂之時，康氏原有他「上皇帝書」的老底子；梁則是一位「筆端常帶感情」的煽動性作家。所以學潮一起，他師徒就領袖群倫了。

在一八九五年四月二十二日（陰曆三月二十八日），康、梁師徒經一晝兩夜之力，寫成上皇帝「萬言書」三章，呼籲「拒和」、「遷都」、「變法」。十八省在京舉人集會響應。一時連署者多至一千二百餘人。五月二日（陰曆四月初八）乃由康、梁師徒領隊，率十八省舉人及市民數千人，齊集「都察院」門前，遞請代奏。——此一群衆集會，也可說是中國近代史上所發生的第一次學潮吧！這就是那樁名垂史冊的「公車上書」了。

後之視今，亦猶今之視昔

康梁這次上書是連一部「黃包車」也沒有的。所謂「公車」者，在一百年前無人不知；一百年後就無有人知了。原來在兩千年前的漢朝，政府官吏很多都是地方舉薦的。這些被舉之人抵達京師，照例都由朝廷派「公車」接送。乘「公車」是多麼光鮮的事。

自此以後「公車」和「舉人」就分不開了。公車就是舉人；舉人就是公車。

所以康、梁這次所領導的學潮，實在是一個「舉人造反」的團體行動。秀才造反三年不成；舉人造反就等而下之了。就在這造反未成之時，朝廷的威脅利誘一時俱來。它一面聲明要嚴辦聚衆滋事，一面又貼出了黃榜，學潮總指揮康有爲，高中第八名進士。這一下「金榜掛名」，數十年灰溜溜鳥氣全消。馬上脫靑衫、著紅袍，保和殿面聖去者。還鬧啥學潮呢？那些名落孫山的榜外公車，也只有打點還鄉，還債、賴債、打秋風去了。台灣割給日本，讓唐景崧和胡適的爸爸去善後受罪吧！他們在痛哭流涕一番之後，也暫時管不著了。大家鳥獸散，顢頇無能的大清政府，未派一輛坦克上街，天安門的大學潮，也就煙消雲散了。

誅心而論，天下原無不是之學潮！康、梁師徒爲著變法改制，雖然後來都變成在逃的死囚犯，但是歷史畢竟是公正的。最近的《人民日報》不是心血來潮，對康、梁和王安石等人，又補作了至高的評介。既然領導那個小學潮的康、梁是歷史上值得歌頌的人物，那麼硬說魏京生、王丹、包遵信、王軍濤等是該關該殺的「暴亂分子」，豈不是睜著眼說瞎話？

人生苦短，一時烜赫，究竟是白駒過隙、過眼雲煙。後之視今，亦猶今之視昔。我們倒眞希望領袖萬歲；當朝諸公長生不老。再過他一百年，回頭看看「小平變法」的過程；看看將來的歷史家對他們是怎樣下筆的。

人民問政的開始和「太子黨」

「公車上書」這一齣小鬧劇未搞出什麼立竿見影的效果。地還是照割；款也照賠。可是舉人造反這一鬧，卻鬧出個庶民問政的風氣。關心國事，卻變成了一時的風尚。關心之道，則是糾合志同道合之士，組織社團，報效國家。士大夫們目光遠大、滿腹經綸，就要組織他們的「強學會」、「保國會」；江湖豪傑，氣功師、武術師，忠肝義膽、視死如歸，就要組織他們的「義民社」、「義和團」來「扶清滅洋」；海外華僑青年，海內知青和祕密會黨，也要組織他們的「輔仁文社」、「興中會」、「華興會」、「光復會」來「驅除韃虜、恢復中華」。一時組織林立，百會蠭起。據梁啓超所作統計，自甲午（一八九四）至辛亥（一九一一）有章程可考的各種公開社團，蓋有一百六十餘家之多。——其宗旨除少數的革命造反之外，蓋多爲保種強國，扶清滅洋而設也。「扶清滅洋」可能就是後來中共「興無（產階級）滅資（產階級）」的老祖宗吧！

在這百餘種社團中，那最有聲勢、最有內容、也是最先組織的團體，應該是由康、梁領導的「強學會」了，原來康有爲在領導公車上書之後，一時名滿天下，變成了時代的寵兒。朝野士大夫皆折節下之。大家（包括西太后）都認爲改制維新是中國必走之路，而康有爲是這條路上的明星甚至是先知。康氏如果眞是個政治家和思想家，他是大有可爲的。不幸我們在一百年後的「恩怨盡時」爲他「論定」，才發現他老人家二者都不是，後節再詳論之。雖然他也爲著他所想像中的「變法改制」，不眠不休地投下了百分之百的精力，和一個胞弟的生命。

在〈馬關條約〉簽訂後的幾個月之間，中國朝野在痛定思痛之餘，大家眞是洗心革面，想在北京和上海等大城市辦報辦學，組織社團從事革新。那時中國居然也有個「太子黨」（且用今日的語言來說）——那批有改革思想的「高幹子弟」，如張之洞的兒子張權、曾國藩的孫子曾廣鈞、翁同龢的姪孫翁斌孫、陳寶箴的兒子陳三立（名史學家陳寅恪之父）、沈葆楨的兒子沈瑜慶、左宗棠的兒子左孝同等數十人——其中最重要的可能就是湖北巡撫譚繼洵的兒子譚嗣同了。

寫歷史的人不能小視「太子黨」這個東西。因爲他們得天獨厚，家庭影響深遠；教育最好，知道舊政權的內幕最眞切，接受新思想也最快。他們如果不流於吃喝嫖賭、貪贓枉法而有心爲國爲民，他們往往是傳統中國裡，最精彩的接班集團或進步改革人士，甚至是造老子反的地下革命頭頭。漢、唐、明、清早有先例；國、共兩黨政權中，且變本加厲。——我們只要單挑一、二人如台灣的陳履安和大陸的葉選平就足夠說明一切了。

清末除這個太子黨之外，一批有能力有經驗的中年官僚軍人如袁世凱、聶士成、孫家鼐、張謇等人；老年官僚甚至是李鴻章，都是傾向於改革開放。至於張之洞、陳寶箴、翁同龢等太子黨之父就更不必提了。——這一情況與今日大陸上的政治發展，頗有其異曲同工之處。康有爲是搞英國式君主立憲緩進派政治改革的領袖。他對上述的保皇集團應善加領導，耐心教育才對。誰知他一開頭便四面樹敵，自我孤立呢？

「強學會」的成立和聲勢

原來「強學會」在一八九五年夏發起於北京之時，它最熱心的贊助人便是翁同龢和張之洞，而最誠摯的實際組織者，便是上述這批太子黨了。一次翁氏曾折節親訪康有爲於其私邸，不遇。康回訪時，二人竟如老友晤談數小時。翁對康眞是推心置腹。且看有爲的自述：

〔翁說〕與君雖初見，然相知十年，實如故人，姑爲子言，宜密之。上（指皇帝）實無權，太后極猜忌。上有點心賞近支王公大臣，太后亦剖看，視有密詔否？自經文藝閣（名廷式，翁的學生，亦一改革派）召見後，即不許上見小臣。即吾之見客，亦有人窺門三數巡之者。故吾不敢見客，蓋有難言也。（見康著《自編年譜》）

康有爲這時是個才拿到學位（進士）的小知識分子。在工部當個芝麻綠豆的小京官（六品主事），而翁傅師宰相對他折節若此。試問後來國、共兩黨的高幹，做得到嗎？朋友，若說「固有文化」，實應於此等處求之。近來新加坡李光耀要提倡「儒教」，可能他看中的也在這個「溫柔敦厚」的一面。但其結果有時亦適得其反者，其中牽涉學理之深邃，就一言難盡了。——這當然是題外之言。

「強學會」在北京之成立，便是由翁同龢從戶部劃出個小預算，並撥出一部印書機開始的。工部尚書孫家鼐為它找座房屋作會址。其後復由大學士王文韶、兩江總督劉坤一、湖廣總督張之洞各捐五千銀元。現役軍人如淮軍中的聶士成和毅軍的宋慶，亦各捐數千元。其他小額捐獻更是所在多有。有這樣的經濟基礎和政治背景，學會的會務照理是應該一帆風順的。不幸的是它一開始便發生了若干政策性的爭執。其中有部分負責人想把這個學會逐漸辦成個自給自足、提倡新思想、推動改革開放的出版文化事業，庶可自力更生，長久維持。但是這一構想卻為康某所峻拒。他認為這樣做是「以義始而以利終」，結果爭辯得「舉座不懽」。

一個社團的成員對政策發生爭執，原是正常而應該有的現象，可是它如發生在一個中國知識分子的組合裡，往往就要產生併發症而導致分裂和解體。再者這一內因之外，它對外亦示人以不廣。這時因戰敗失勢而在「總理衙門行走」的李鴻章，對「強學會」也十分敬慕，自願出銀二千元，加入作一會員或贊助人。但是李氏的申請竟被該會所否決。康有為自然也是這項否決的主要決策人。

李鴻章那時是世界聞名的中國政治家。雖然暫時失勢，他的潛勢力，他的國際聲望，尤其是他在后黨中的地位，仍是一時無兩的，而康有為這個六品小京官，居然公開刮其鬍子——這也可見當時康的氣焰了。所以那時縱是最器重他的翁同龢，在他的日記裡也說「康祖詒狂甚」。

一個氣焰太高的人是要四面受敵和自我孤立的，何況在那紅頂如潮、花翎似海而保守成習的首都北京。康氏鋒芒太露，大學士徐桐和御史潘慶瀾就揚言要點名參劾了。康氏是個具有殉道者精神、雖千萬人吾往矣的烈士型人物，怕什麼「參劾」呢？但是他的同夥卻勸他暫時離開北京，到上海去另開局面——上海本來也是他們計畫中的重心所在。

新政、新思想毀於教條主義

康有為於一八九五年十月二十九日（陰曆九月十二日）到了上海。在上海，他的清望眞如日中天。誰知他的氣焰不但未絲毫減退，反而因之水漲船高。

這時在中國最有權有勢而又有新思想的「方面大員」，實在是張之洞。張於此時適自武昌調到南京，出任南中國最重要的「兩江總督、南洋大臣」，轄江蘇安徽江西三省

（包括當時經濟文化中心的上海市）。康一到上海，張之洞便派專人把他接到南京去。在南京，康有爲一住二十餘日，變成張之洞的上賓。張對他眞是言聽計從。這期間在上海正式成立的「上海強學會」，和該會的機關報《強學報》之發行（一八九六年一月十二日），都是由張之洞支持的。〈上海強學會序〉這篇重要宣言，便是由康有爲執筆，用張之洞名義發表的。誰知張、康這段合作的蜜月，後來竟被康有爲的教條主義徹底的破壞了。讓我們再抄一段康有爲的夫子自道：

> 入江寧居二十餘日，說張香濤開「強學會」。香濤頗自任。隔日一談，每至深夜。香濤不信孔子改制，頻勸勿言此學，必供養。又使〔梁〕星海來言。吾告以「孔子改制大道也。豈爲一兩江總督供養易之哉？若使以供養而易其所學，香濤奚取焉？」（見《康南海自編年譜》光緒二十一年）

吾人讀上段文字，便不難想像出康有爲當時氣焰之高了。其語言之橫蠻，態度之惡劣，可說是達於極點。但是這篇回憶還是他失意之後追記的。當他春風得意之時，其猖狂的態度，可能更甚於此。儘管如此，這位比康年長二十一歲的南洋大臣張之洞（一八三七～一九〇九）對他還是曲予優容、熱心的支持和誠懇的勸勉。但是康有爲對這位開明的老輩和上級領導，硬是不假辭色。且再把康氏有關的回憶看下去。康說：

> 在江寧時，事大順。吾曰，此事大順，將來必有極逆者矣。與黃仲弢梁星海議〔強學會〕章程，出上海刻之，而香濤以論學不合背盟。電囑勿辦，則以「會章大行，不能中止」告。乃開會賃屋於張園旁。遠近響應，而江寧一切不來，處處掣肘，即無楊崇伊〔御史〕之劾，亦必散矣。（同上）

在這段記述裡，康有爲認爲強學會之失敗是由於張之洞的「背盟」。但是根據他的夫子自道，分明是他自己拒人於千里之外。哪是張之洞的背盟呢？

康、梁師徒在甲午戰後所推動的這個「強學會」運動，實在是滿清末年在中國最有「智慧」(wisdom)最有「契機」(chance)的一個全國性新文化、新思想、新制度三位一體的群衆運動。它如搞得好，則後來的「華興會」、「光復會」乃至「同盟會」，可能都不會另起爐灶。沒一個「辛亥革命」和隨之而來的軍閥亂政，哪還輪到後來的胡適、陳獨秀、李大釗等人去搞什麼「五四運動」呢？

須知當年支持強學會這批人，實在是中國知識界（也可說是「資產階級」吧）的菁英。他們的政治力量也十倍百倍於當時保守派中的徐桐、剛毅和榮祿等人。這種集體力量之未能發揮，實在是和「強學會」的崩潰血肉相連的；而強學會之崩潰也就直接縮小了其後「保國會」的陣容，和光緒皇帝搞變法維新的聲勢。這種搬石頭砸自己腳的辦法，都是康氏搞「教條主義」的後遺症啊！

報酬大於貢獻

「強學會」的失敗，在中國現代化發展史上實在是一大頓挫，頓挫於康有爲在「今文經學」裡的教條主義。「今文經學」是個什麼東西呢？筆者爲使一般讀者對它有個粗淺的瞭解，特闢前篇爲萬言專論加以闡述。讀者批覽後，便知今文經學在我國的「儒教」裡，除被一些官僚利用於一時之外，在學術界並未成過大氣候。所以自漢以後，輕視甚至鄙棄今文經學的儒家，正不知有幾千百人。張之洞之勸康有爲搞變法「勿言此學」，實在是一個長輩學人的善意勸告。翁同龢在一八九四年也讀過康著《新學僞經考》。看後他在日記裡寫道：「看康長素、祖詒，廣東舉人名士，《新學僞經考》，以爲劉歆

古文無一不僞。竄亂六經，而鄭康成以下皆爲所惑云云。眞說經家一野狐也。驚詫不已！」（見翁《日記》）

其實把康說看成「野狐」，又何止張翁二人。其後的章太炎、胡適之，以及最近才去世的錢穆，對康的看法都是一致的。記得筆者本人在重慶讀大學期間，便有一位同班同學（似乎是黃彰健兄）專治公羊學爲畢業論文。余亦偶涉之，但覺以「三世」論，讀《春秋》，未始非「通經」之一說，若要以它來「致用」，那就是「迂儒」了。不學在五〇年代亦嘗試述文，闡兩漢「太學」。在拙篇中，我自己亦斥漢代的今文家不只是「迂儒」，簡直是把持立國意蒂牢結的「學閥官僚」也。——當時也是有感而發。當然那時的「學閥官僚」的學術水平與兩漢和清末的今文家相比，還差得遠呢！（拙文見〈附錄〉）

康有爲不自量力，引學術入政治，也就從「迂儒」逐漸蛻變成「學閥官僚」。把支持他變法改制最熱心最有力的張之洞、翁同龢等都擯之門外。以他這個六品主事的小官，來獨力抵抗那紅頂如雲的頑固派，那就是螳臂當車了。果然在一八九六年初，在數名昏聵老領導授意之下，御史楊崇伊一紙彈章，張、翁等實力派在一旁幸災樂禍，康有爲的「強學會」就煙消雲散了。強學會一散，小會分立。當時的知識分子，對新政新思想，就沒有共同語言了。

記得胡適之先生以前曾向我說過：「社會對一個人的報酬，實遠大於一個人對社會的貢獻。」那時去古未遠，我們記憶猶新。對汪精衛，余曾撰文論汪之「十大錯誤」。認爲汪犯了九大錯誤，社會和歷史都原諒了他，使他有「復出領導」的機會。只是他把第十大錯誤做得太「絕」了。歷史無法原諒他。他也就只有以「大漢奸」之名遺臭史册了。

康有爲當年犯了他那教條主義的絕大錯誤，但是這錯誤雖使他鎩羽而去，卻沒有影響他衣錦還鄉，爲老太太做壽的風光。其後他曾一度想移民巴西，到海外去另覓前途。誰知一八九七年山東曹州教案突起。全中國很快的又被捲入另一個更嚴重的危機。在朝野束手之時，聞鼙鼓而思將帥，大家又想到康有爲畢竟是個人才；他的變法維新的主張，也是「今日中國之必需」，這樣康有爲也就東山再起了。

瓜分的威脅和圖強的意志

所謂曹州教案原是發生在一八九七年十一月一日，有兩位德國傳教士在山東鉅野縣爲暴徒所殺的小事——在當前紐約市上，每天都有五至八人爲暴徒所殺（最近還有一位前來開會的日本大學校長被殺）——可是這件小事卻被那時後來居上的德意志帝國主義引爲藉口，強佔了膠州灣；並要求在山東省築路開礦。老實說，我們本錢大，出租膠州灣也不是什麼大事。但是這時甲午新敗，大清帝國已至死亡邊緣，德國人一開其端，其他帝國主義援例一哄而來——俄國人要租旅順大連，英國人要租威海衛和九龍，法國要租廣州灣，日本要在廈門一帶打主意……，這樣群盜入室，劃定「勢力範圍」、割據自雄，那問題就大了。——弄不好，大清帝國就要步波蘭後塵，被列強瓜分了。

爲應付這種嚴重局面，那在總理衙門辦外交的清室諸大臣也並不太顢頇。李鴻章就是個搞「以夷制夷」的老手。在他訪問俄期間（一八九六年四月三十日至六月十三日，共四十四天），便與俄國訂有密約以應付貪得無饜的日本。膠州交涉期間，翁同龢、張之洞乃至康有爲等也想聯英法而拒俄德。但是帝國主義哪就那麼笨，讓你去以夷制夷呢？他們要搞他們自己的「權力平衡」(balance of power)，劃定他們自己的「勢力範圍」(spheres of influence)，要把東亞病夫「瓜分」掉(partition of China)，哪由得你「支那曼」(Chinamen)去自作主張呢？所以清廷的外交至爲棘手，而瓜分之禍，則迫在眉睫。這時當政不久的光緒皇帝和有遠見的大臣們，就感到與其治標則莫如治本。這樣他們就想到要「變法圖強」。要變法，就少不了那個變法專家康有爲了。而康氏自己也當仁不讓。一八九七年底，有爲乃攜滿篋奏稿與所著新書，趕往北京。

康氏這時在北京自然又變成變法的智囊了。因爲他畢竟寫過一些小冊子，什麼《俄國彼得大帝變法考》、《日本明治變政考》、《法國革命記》、《波蘭分滅記》等等。若論內容，這些名著只不過是今日台灣之高初中歷史教科書耳。然在那時的一般朝野人士則聞所未聞。據說光緒皇帝後來看到《波蘭分滅記》，曾爲之掩卷流淚，西太后讀之也頗爲感動。

再者，有爲此時既然仍在工部掛名爲主事，他的上皇帝書依法也可由本衙門代遞。不幸康氏個人與「本衙門」之內的人事鬧得很僵，遭到工部各階層的留難。所幸光緒曾看過他公車上書期間的奏章而極爲重視，此次知康來京即思召見而爲老叔父恭王奕訢所勸阻，乃明諭「總理衙門」中諸大臣先期約見，談個底子，然後再由皇帝親自召見。

一八九八年（戊戌）一月二十四日（陰曆正月初三）康有爲乃應約至總理衙門與翁同龢、李鴻章、榮祿、廖壽恆（刑部尚書）、張蔭桓（戶部左侍郎）等五大臣，先來一套舌戰公卿。旋奉諭作書面條陳，以待皇帝召見。在書面條陳裡，康的主要建議是先設立「制度局」，來從事研究設計如何更改全部舊法與官制。康甚至主張「六部盡撤」、「則例全廢」，而代之以「十二局」（法律、度支、學校、農、商、工、礦、鐵路、郵電、會社、海、陸軍）。各省則設「民政局」，舉行「地方自治」。

筆者行文至此眞是感嘆不盡，近年來余亦嘗與一些新朋友嚴家其、阮銘、陳一諮諸先生談小平變法。殊覺康、梁變法與小平變法有其異曲同工之處。只是康、梁叫「制度局」，阮陳諸公叫「體改所」罷了。「司令員」與「司令官」有什麼分別呢?!而時間卻浪費了一百年而已。康、梁搞得一敗塗地;小平一定要成功?吾拭目待之也。

只保中國，不保大清?

康有爲這一制度的構想，顯然爲光緒皇帝所看中。這位有心爲治的年輕皇帝就預備召見康氏面詢變法了。這是一八九八年的初春。也正是四夷交迫、國政如麻之時。光緒一面要應付列強（尤其是俄國）租地的要求，急如燃眉。一面又要在新舊派群臣之間，折衝抉擇。更要抽空研究康氏新進呈的泰西新學。最重要的，他還要應付那個泰山壓頂的慈禧老太后——光緒的任何決定，都要以西后一言爲準。她是享有大清皇朝一切政策的最後決定權的。

這一個春天可說更是康有爲一生政治生涯中最春風得意的一季。這時他獨承天眷，終日忙於草摺著書。另外，在舉朝矚目和各省名流的簇擁之下，他更要恢復他那一度風行天下的強學會的組織。

前文已交代過，當「強學會」在一八九六年夏季被強迫解散之後，結社集會已成一時的風氣，如火之燎原、水之就下，不可遏阻。強學會被禁，全國雖失去一個統一領導的中心，而散居各省的地方性組織，如湖南的「湘學會」、廣東的「粵學會」、湖北的「質學會」、廣西的「聖學會」、浙江的「保浙會」、雲南的「保滇會」、上海的「蒙學會」、「農學會」等等則如雨後春筍，一時俱起。但是這些組織者之中，知名度最高的自然還是康梁師徒。康氏如今東山再起，他就想再來個統一組織、統一領導了。

以他原有的「粵學會」爲基礎，康、梁師徒乃於一八九八年（戊戌）二月底創立了「保國會」於北京的「粵東館」。這個「保國會」雖比不上當年「強學會」的聲勢，然也網羅了一些豪傑。後來爲變法維新而殺身成仁的「六君子」——楊銳、林旭、劉光第、楊深秀、康廣仁、譚嗣同等幾乎全部都是「保國會」的發起人或贊助人。

這個會言明以「保國保種保教」爲宗旨；以「講求變法、研究外交、謀求經濟實效」爲方法。它一開頭就以顯明的政治面貌出現，並且得到光緒帝的認可。所以有些政治史家竟認爲它是近代中國，政黨政治的第一次出現；而康有爲則是近代中國第一個政黨的黨魁。

可惜的是這個黨魁的格局太褊狹了。他雖沒有後來中共所具有的「三寶」（理論、武力和統戰），但是至少可以玩玩一寶，打打「統戰」嘛！那時強有力的所謂東南三督劉坤一、張之洞、李鴻章（後任兩廣總督），都還算是開明的。而這三督和一般開明派，都不在康、梁「保國」的圈圈之內。少了這批開明而成熟的實力派（西太后也讓它三分的實力派），則康、梁等保國分子，就只是「兒皇帝」之下的一群紅衛兵了。紅衛兵能奪掉誰的權呢？所以保國會一成立，吏部主事洪嘉與、御史潘慶瀾便交章彈劾；老頑固派剛毅、榮祿等更在老太后前製造謊言，說「保國會」「只保中國、不保大清」。老婦人耳朵軟，受不得播弄。一怒之下，加以杯葛，則帝后異途，衝突就不能免了。但是醉心改革的年輕皇帝，認爲他既然有了這一群年輕有爲的班底，他不能做「亡國之君」——朋友，一八九八年的大清帝國的確已到了被列強瓜分的邊緣——他就要不顧一切地去變法改制了。

可敬可悲的光緒皇帝

我們治中國近代史的人，每談到戊戌變法，總是過分的突出了康有爲，光緒皇帝似乎只是個次要角色。這個印象是與歷史事實不符合的。

其實戊戌變法的中心人物還是光緒皇帝。康有爲只是他看中的一個變法顧問而已。但是康派之畢其功於一役的過激作風，卻頗能說服那急於求治的年輕皇帝。皇帝既有過激傾向，乃激起保守派和投機派的聯合陣線和反擊。而康派的教條主義和過激作風，也拒斥了開明而強大的中間派。開明派和中間派靠邊站，剩下的過激派和頑固派兩極分化，勢均力敵，就短兵相接了。在這兩派較勁之時，過激派也就是所謂帝黨吧！原是個紙老虎、空架子。一旦臨陣交鋒，其結果如何？就不言可知了。現在且讓我們搜搜根，看看光緒皇帝是怎樣搞起維新變法的：

光緒帝愛新覺羅載湉（一八七一～一九〇八）原是道光皇帝的孫子、咸豐皇帝奕詝的胞姪、同治皇帝載淳的堂弟、醇親王奕譞和西太后妹妹的兒子。慈禧是他的親姨媽。當同治皇帝於一八七五年駕崩之時，西太后已當政十餘年，權勢已立。她不想爲自己的兒子載淳立後，因清法太皇太后不能聽政，所以她就選擇了既是胞姪也是姨姪的載湉來承繼咸豐。如此，她就又可以繼續去「垂簾聽政」了。

載湉四歲即位。自此便受教於深宮之中，成長於婦人之手。慈禧原是一位幹練而無知的滿族老婦；個性又潑辣凶狠，殘酷無情。她不是個好媽媽。所以光緒帝自孩提時代起，就畏之如虎。偶遭斥責，便跪地顫抖，齒牙撞擊作聲，至年長親政時，亦不能改。但載湉是個聰明俊秀，有見識有良心而愛國的佳子弟。在一個狀元老師的教導之下，熟讀儒家禮教的詩書。知識漸開，自知爲一國之主，也頗想做個明皇聖主，至少不能作「亡國之君」。

一八八七年二月光緒帝十七歲行「親政」禮，實習做皇帝。一八八九年一月「大婚」。冊立一后（葉赫那拉氏）二妃——瑾妃十五歲、珍妃十三歲。二妃爲親姊妹（他他喇氏）。載湉不喜皇后而愛二妃，尤其是聰明美麗的珍妃。但在那太后獨裁，宗法禮教下的皇家，他哪裡能享有愛情自由呢！同年三月，太后依法「歸政」，遷往新近完工的「頤和園」去頤養晚年。按法理，載湉這時就是眞正的皇帝了。但是在任何專制政體之內，哪有不死就退休的獨裁者呢？不管他是男是女。所以西后也坦白承認她身在園中、心在宮內。日常政務，不妨由兒皇帝去管；軍政大權，她是一寸不放的。這時的王公大臣、軍頭疆吏，原都是她當政四十年一手栽培的。他們被她管得俯首貼耳，也視爲當然。

在這種母后專政的壓制之下作兒皇帝，最好的方式便是作個鞠躬盡瘁的諸葛亮，或勤政而不攬權的周恩來。要有野心，則做個日積月累，奉命操勞，慢慢培植自己肱股的蔣經國，以待天降大任。接班人富於春秋，水到渠成，是急不得的。最下策則是做個荒淫酒色的昏君，也可避禍。如迫不及待，搞林彪式的政變，那就誤己誤國了。

所幸光緒親政之後，國無大故，而李鴻章等所主持的，側重路礦、海軍的所謂「洋務」、「新政」（也可說是「科技現代化」或「四個現代化」吧），表面看來，實頗有可觀。至少不在日本之下，而北洋海軍在噸位和砲力上說，且超過日本。——事實上中國這時也真是個海軍大國，所以西太后才看上了海軍。她之所以不顧國情民意，挪用海軍經費數百萬兩去修造頤和園，可能就是出自她私心自覺當家數十年，歷盡艱辛；如今國家承平，海軍強大；她自己退休了、「歸政」了，理應造個好的花園來享享清福的「老姨太」心情。

「東事三策」中的「下策」

可是日本在明治維新之後，亦在向西方帝國主急起直追。到一八九四年它居然揷足朝鮮，搶奪中國主權，做個後來居上的東方帝國主義。為對付日本，那時的朝中老臣如久涉洋務的恭親王奕訢，和一手創造「北洋海軍」的直隸總督北洋大臣李鴻章，均知國際戰爭不可輕意發動。透過總理衙門，他們條陳「東事三策」：上策是「郡縣化」，把屬國朝鮮變成一省；中策「國際化」，開放朝鮮，製造國際均勢，以夷制夷；下策「用兵」，以武力驅逐日寇。

當時李恭諸老成分子均主採上中二策；而缺乏實際主政經驗但是清望頗高的翁同龢

，乃至那些清議製造者的各省名士和「公車」，以及許多李鴻章的政敵御史等人，則力主用兵。其時親政未幾而求勝心切的青年皇帝，在心理上原來就是個主戰派。再加上個有「獨對」（可以單獨向皇帝說話，在蔣毛二公時代叫做「通天」）特權的狀元老師之不斷慫恿，也就主張用兵。至於那個有最後否決權的西太后，她老人家原是個村婦出身的姨太太，她恐「洋」；但不一定恐「日」。所以在多數朝臣諫諍之下，她也就批准了兒子的要求，「下詔宣戰」。一戰至全軍盡墨，舉國惶惶之時，他們又把這戰敗責任，一古腦放在李鴻章頭上，把李氏罵成「漢奸」——「漢奸」一辭後來之流通全國，就是從罵李鴻章開始的——使鴻章百口莫辯。

老實說，大清帝國之亡國，並非亡於「辛亥革命」，而是亡於「甲午戰爭」。甲午之敗把我國現代化運動的第一階段，歷時五十年，尤其是其後期的二十五年（所謂「同治中興」）的「科技現代化」的總成績，給冤枉地報廢了。甲午之敗也拆穿了大清帝國五十年科技建設的紙老虎，而使新（德日）舊（英法俄）帝國主義加緊進逼，而形成一八九八年的瓜分危機。甲午之敗也使那個有見識有權力，集中興名臣於一朝的官僚集團，膽戰心寒而全部自動或被迫的靠邊站，對變法圖強喪失了信心。這一集團的隔岸觀火，乃導致上述朝政之走向「兩極分化」。皇帝與太后既然不能靠邊站，乃各趨極端，一分為二。林肯說：「一個分裂的房屋，是不能站立的。」大清皇朝這座「房屋」哪能例外呢？

＊原載於台北《傳記文學》第六十一卷第二期

附錄

漢代的太學

本篇承宋晞兄「派」稿。筆者不揣淺薄，冒昧執筆，僅就哥倫比亞大學及華盛頓大學合設之「中國歷史研究部」所藏之漢代史料，蒐集成章，時間卒迫，參考書籍尤嫌不足，草草爲文，以壽〔許〕恪士師，尚乞海內師友，不吝匡正！

我國漢代的太學創立於漢武帝元朔五年（公元前一二四年）。其後發展極速，至東漢中葉竟擁有教授（學官博士）七千餘人，學生三萬餘人，其規模較諸二十世紀世界各國任何大學亦不多讓，實爲我國教育史上極光榮之一頁。但是這樣宏偉的一個國立大學，爲什麼至東漢末葉日趨衰萎，魏、晉以後兩漢太學之遺規遂不可復振？今日之談史者，回首兩千年前之史實，實不無餘憾。筆者寄跡海外，資料與時間均屬有限，初不敢言爲兩漢太學作一有系統之研究，但願就手邊史料整理所得，略論兩漢太學興廢之由耳！

太學設立之背景

上古時代我國高等教育原屬「官辦」性質。迨乎春秋之末，封建制度開始崩潰之時，私學乃興。孔子便是開這個風氣之先的第一人。其後諸子蜂起，百家爭鳴，戰國時期實是我國古代私家講學的黃金時代。但是私家自由講學的另一種副產品便是處士橫議，干訐朝政。秦滅六國之後，獨裁者之不能容忍這種「民主作風」實是集權政治發展中的必然結果。

始皇頒挾書之禁後，私學遂爲非法。然秦代中央政府內仍立有各科「博士」七十餘人，諸子百家兼容並包。在政府直接指導之下，六國時授徒講學之遺風似未全廢。他們只是不許結黨干政，以古非今罷了。顧炎武說：「秦之任刑雖過，而妨民正俗之意，固未始異於三王也。」（《日知錄》卷十三）始皇燔書，並非廢學，他只是壓抑私學，獨辦中央政府直接管制的官學而已。

漢興以後，挾書之禁未解，中央政府「猶襲秦制，諸子百家，各立博士」。（王國維〈漢魏博士考〉）劉邦初年曾「以儒冠爲溲器」，未嘗崇儒。其後竇后好黃老，漢室後代帝王每談起他們的「漢家法度」，總歡喜引用他們祖先的「霸王道雜治」的傳統，可知漢初仍有六國遺風，學術思想，尤其是政治哲學未嘗定於一是。至惠帝四年（公元前一九一年）除挾書之律後，百家之學更漸有待蘇之跡象。

但是漢初大局甫定，中央政府對學術文化建樹甚微，漢之博士雖襲秦舊制，秩比四百石，其位不爲不尊，但是事實上「博士」一職在漢初只是如現代政府中「顧問」、「參議」一類的閒差而已。叔孫通以後未聞漢初博士有何重要建樹。身爲博士者其職業仍只是各招生徒，私自講學而已。

這時官府的鼓勵雖小，但是歷經高、惠、文、景四朝太平盛世之後，學術之日趨發達自是必然的事。加以戰國以後，孔孟之言已是學術界的主流，其尊君抑臣的口號又頗合統治者的胃口，因而儒家遂漸有一馬當先之勢。文景之時，諸家博士廢置情形，史無明文，而儒家已駕乎諸家之上則是事實。景帝始立「一經博士」，儒家獨尊的局面已具雛型，而武帝卽位後數度親策賢良文學，首膺聖眷者又係儒生，至建元五年（公元前一三六年）增置「五經博士」，儒家獨霸之局遂大定。

武帝時的「博士」不但是沿秦舊制，位備承問，且奉天子命循行四方（《漢書・武帝紀》）。博士之職位，頓形顯赫。故武帝之增設五經博士，不只是補足景帝所未立之二經，實是對這個久同虛設的博士制度作一番大規模的整理。早已沒落之諸家博士當於此時正式廢除，中央政府既首先制定儒術爲立國的政治哲學，則儒生想乘機取得政權自是無可避免的反應。迨公孫弘以《春秋》博士於元朔中「爲舉首，起徒步，數年至宰相封侯」（《漢書・公孫弘傳》），一反漢家以列侯爲宰相之往例，儒黨始首次取得了政權。接著董仲舒於武帝親策賢良文學中高第，這個獨崇儒術的漢家太學，便在他兩人的建議之下，正式創立了。

太學：儒家的「中央黨校」

漢代的太學，既是武帝根據公孫弘和董仲舒的建議而創設的，則董氏的興學意見書——這有名的「董仲舒對策」實不可不讀。武帝親策賢良文學時，仲舒對策曰：「臣聞聖王之治天下也，少則習之學，長則材諸位。……夫不素養士而欲求賢，譬猶不琢玉而求文采也！故養士之大者，莫大乎太學。太學者，賢士之所關也；教化之本原也。今以一郡一國之衆，對亡應書者，是王道往往而絕也。臣願陛下興太學，置明師，以養天下

之士；數考問以盡其材，則英俊宜可得矣。」（《漢書・董仲舒傳》）

武帝接納了他的意見，乃於元朔五年應「丞相弘之請」，爲「五經博士」置「博士弟子」五十人，給予官定身分——「員」，並立下太學生員畢業後由政府分發任職的章程。同時把這五十位太學生集中起來教授，是爲漢代太學最早期的形式。讀仲舒對策，我們知道這太學創立的宗旨原是爲國家「養士」。然西漢私家講學之風本盛。漢初博士已各有弟子。仲舒本人於孝景時爲博士，史言其「下帷講誦，弟子傳以久次相授業，或莫見其面」。（同上）一個博士便帶有這樣多的弟子，則「養士」又何需乎這爲數不過五十人的太學！

所以仲舒的目的不只是爲國家養士，而且是要利用這個新機構來維持儒家既得的特殊地位，訓練儒家的建國人才，將來好讓他們學優而仕，掌握政柄。這五十名太學生，但須受一短期訓練便可由政府分發任職，按章程規定：博士弟子，授業一年通一藝以上者補「文學掌故」；高第可以爲「郎中」；「秀才異等」亦可顯親揚名。同時在受業期間，他們還享有「復其身」（不服兵役、勞役）的特權。（《漢書・儒林傳》）這在當時是如何令人羨慕的特殊階級。而他們的教授——五經博士之受特殊尊崇自更不難想像。加以武帝復廣立郡國之學，其中高材生又可由地方政府保薦升入太學，則地方學校教學的方針屬向，自不待說。這樣一來，士心所歸，天下英雄盡入彀中，則百家自然不黜自黜了！

所以武帝時的太學，以現代術語明之，實是當時執政的儒黨所辦的「中央黨校」，其目的是訓練精通儒術的理論家與政治人才，借以總攬全國的政教，使天下歸儒！

太學的發展

武帝之後一傳至昭帝，太學生增至百人；再傳至宣帝，又倍增之。元帝時設「員」千人，成帝時太學生一度增至三千人。（《漢書‧儒林傳》）王莽秉政時規模益大。迨至東漢，太學發展尤速。東漢盛時京畿有「學官博士，七千餘人」。（《三國志‧魏志‧王朗傳》引《魏名臣奏疏》）順帝以降，太學生多至三萬餘人。（《後漢書‧儒林傳》）

漢武帝創立太學之初，規模極小，以故太學校址似在長安城內。其後師生人數增多，城內無法容納，太學乃遷至城外。據《三輔黃圖》的記載，這城外校址設在「長安西北七里」，其中竟然「有市有獄」。這顯然是一個規模極大的太學區，亦如今日美國因某些大學而成市的小鎮一樣。西漢末葉王莽爲宰衡時曾「建弟子舍萬區」，其規模之大可以想見。

光武中興以後，太學隨都城遷往洛陽，校址設在「洛陽城故開陽門外，去宮八里」。（《後漢書・光武紀》李賢注引陸機《洛陽記》）順帝時更大興土木，增修校舍，造二百四十房，凡千八百五十室。（《後漢書・翟酺傳》）至於東漢太學的建築圖樣，吾人不得而知，然就史書記載可以推知者，其中有課室，有禮堂（卽所謂「辟雍」。辟雍在東漢時，似非太學員生所專用，游士學者蓋均可假以講學，此非關本題，有暇當另考之），有宿舍。「博士舍」之外，太學生且可奉母挈眷，同居於校園之內。（《後漢書・魯恭傳》）一般學生住宅，亦似甚寬敞。好活動的學生，留客止宿，交朋結友，往往至「賓客盈室」。（《後漢書・仇覽傳》）

太學生的選拔和出路

漢代關於博士的策試及太學生的選拔均屬太常卿。元朔五年所立的「博士弟子」五十人，想係自一般博士的門徒中所圈定。然當時政府的規定則是「太常擇民十八以上，儀狀端正者」充「博士弟子」。其後選拔的方式，蓋係自郡國之學內擇其優秀學生，由地方官保薦入太學深造。《漢書・儒林傳》載其選拔的程序為：「郡國縣官，有好文學、敬長上、肅政教、順鄉里、出入不悖，所聞，令相長丞上屬所二千石。二千石謹察可者，常與計偕，詣太常，得受業如弟子。」❶文翁為蜀郡首時，曾「選郡縣小吏開敏有材者張叔等十餘人，親自飭厲，遣詣京師，受業博士，或學律令。減省少府用度，走刀布蜀物，齎計吏以遺博士」。（《漢書・循吏傳》）所以文翁所派赴京師受各種訓練的學員，均係領有地方政府津貼的官費生。

保送升學雖是官定章程，但京畿畢竟是人文薈萃之區，終兩漢之世，政教兩界的要人，微時多曾「游學京師」，「受業博士」。東漢開國之君光武帝卽是其中之一。這些人顯然不全是由地方政府保送，而是以私人資格入學的。王莽秉政時曾規定：「元士之子得受業如弟子，勿以為『員』。」（《漢書・儒林傳》）所以漢代太學生出身的社會成分極為複雜。一則因為太學本是當時的最高學府，再則因為它是利祿之途中的捷徑，所以各界士子皆趨之若騖，其中有衣錦披朱，世襲功名的「公卿子弟」❷，也有地方政府選送的公、私費平民學生；有日食萬錢的紈袴子，也有貧至「無被，臥牛衣中」的寒士（《後漢書・王章傳》）；有仗義疏財，接濟同窗的義士（《後漢書・申屠蟠傳》），也有半工半讀，親任舂杵，或爲同學管伙食以自餬的苦學生❸；更有來自外國的匈奴留學生（《後漢書・儒林傳》）。而太學畢業學生的成就，上自帝王、公卿、宏儒、碩彥，下及郡國小吏，無不應有盡有。其中學生之作息情形，有閉戶讀書的；有清談嬉遊，考試舞弊的；有貿然上書當局，議論時事的；更有組織學生團體，煽動風潮的。總之今日我國國立大學內學生活動的一切現象，漢代太學無不具備，只是那時的太學，比現在國立大學的規模更要大出十餘倍而已。❹

〔附註〕此篇作於五〇年代，那時兩岸的大學規模都很小。今日自是另一景象也。

太學裡的教授和分科

太學裡的教授在武帝時便是新設的「五經博士」，其後諸博士各以「家法教授」，五經博士共分十四家。以故終漢之世，太學裡的學程亦分成十四科。以東漢時七千名博士學官計之，則每一科的博士當在五百人左右！這些博士的選聘，按漢代成規約有三種方式：

其一爲公卿「保舉」。如陽朔二年，成帝詔曰：「丞相御史，其與中二千石、二千石，雜舉可充博士位者，使卓然可觀！」（《漢書・成帝紀》）其「保舉狀」則規定應選者應「生事敬愛，喪沒如禮，通《易》、《尚書》、《孝經》、《論語》，兼綜載籍，窮微闡奧，隱居樂道，不求聞達，身無金痍痼疾，世卅六屬不與妖惡交通，王侯賞賜行應四科，經任博士」，下言某官某甲保舉。（《後漢書・朱浮傳》引《漢官儀》）第二種方式則爲天子「徵辟」。太學設立時的第一個贊助人，原《春秋》博士公孫弘的第一任官銜便是以「賢良徵爲博士」。（《漢書・公孫弘傳》）後漢時徵辟之例尤多。但是光武中興後激勵氣節，要士人「不求聞達」，所以有許多人「稱疾不就」。第三種方式則爲「策試」。漢制規定，由太常卿「選試博士，奏其能否」。（《續漢書・百官志》）

在這樣隆重方式下選出的博士，高位殊榮，自然自視不凡，不願他人與之競爭。加以文人相輕，再「各以家法教授」，門戶之見極深，因而太學裡便要鬧各學派互不相讓的爭執了。

學派的爭執

武帝初立太學時，學官所立「《書》有歐陽，《春秋》公羊，《易》則施、孟」。（《漢書・劉歆傳》）其他師承系統，多見擯於學官之外，引起學界的不平。至甘露三年（公元前五十一年），宣帝「詔諸儒講五經同異，太子太傅蕭望之等平奏其議」。（《漢書・宣帝紀》）最後由宣帝親自「稱制臨決」，乃增立《梁丘易》、《大小夏侯尚書》、《穀梁春秋》博士，班固所謂「義雖相反，猶並置之」。（《漢書・劉歆傳》）這一次由皇帝親自作主席的辯論會，總算有限制地破除了太學裡少數學派把持的局面。孰知一波未平，一波又起。

迨劉向、劉歆父子校書之後，古文家異軍突起。這一學派的領袖劉歆乃思打入這「中央黨校」，將《左氏春秋》、《古文尚書》、《毛詩》、《逸禮》等列入學官。諸博士又群起反對。哀帝令歆與五經博士講論其義，結果竟是「諸博士或不肯置對」！這分明是作無言的抗議。（同上）其時因爲既立學官的諸派博士勢力太大，皇帝也奈何他們不得，只好把劉歆外放以息此爭。且看班固的記載：「〔哀帝時〕侍中劉歆欲立《左氏》，不先暴論大義，而輕移太常，恃其義長，詆挫諸儒：諸儒內懷不服，相與排之。孝哀皇帝重逆衆心，故出歆爲河內太守，從是攻擊《左氏》，遂爲重讎。」（《後漢書．賈逵傳》）

這是我國古、今文學派鬥爭之始。然而兩漢以後，康、梁以前，這兩個學派的爭執幾乎是純學術性的。但是在西漢末季，這兩派的爭執實有重大的政治作用，因爲那是事關學官的廢立，亦卽爲操縱執政黨「中央黨校」的問題。所以漢代自孝宣以後，我國學術界（當然是與政治息息相關）已不是「罷黜百家」的問題，而是已淪入儒家內部「解經」問題的派系之爭。這與歐洲中世紀教廷內解釋《聖經》之爭，以及現代集權國家內解釋「思想」和「主義」之爭初無二致。不過劉歆以外放「河內太守」了事，尚沒有釀成今日所謂「曲解革命哲學」一類的血案而已！

光武中興之後，「復立五經博士，各以家法教授」，凡十四家：《易》有施、孟、梁丘、京氏；《尚書》有歐陽、大小夏侯；《詩》有齊、魯、韓；《禮》有大戴、小戴；《春秋》有嚴、顏。博士中選聲望高者爲「祭酒」（教育長），恢復太學，由太常卿差次總領之（《後漢書，儒林傳》）。然光武帝本人則對古、今文學派之爭無成見。尙書令韓歆乃上疏欲將費氏《易》、《左氏春秋》立博士。建武四年正月，帝集公卿大夫、博士於雲台議其事。博士范升反對最力，光武帝曰：「范博士可前平說。」升起對曰：「《左氏》不祖孔子，而出於丘明，師徒相傳，又無其人，且非先帝所存，無因得立！」（《後漢書・范升傳》）古文大家陳元聞訊，乃詣闕上疏書奏，與范升辯難書凡十餘上。光武帝卒從陳元議而立左氏學。而當時太學內，「諸儒以《左氏》之立，議論讙譁，自公卿以下，數廷爭之。」《左氏》終以阻力太大，旋被廢除。（《後漢書・陳元傳》）

至東漢末靈帝時，大儒盧植再請置《毛詩》、《左氏》、《周禮》博士，然終不得立。終兩漢之世，博士學官始終爲十四家所保持。（《後漢書・盧植傳》）由此可見他們爭論的焦點還是學官廢立的問題，鬧至滿朝讙譁，公卿廷辯，可知影響政治之大。須知我國古代的「學官」乃至遜清的「言官」，在我國專制時代所發生的政治作用，直如現代民主國家中之報紙。身爲博士或御史者多是善於反映民意的博聞強識之士，他們在重要的政治決策中有發言權，而且因爲他們博古通今，強辯足以飾非，在政治舞台上又是一種極重要的政爭工具，與實際掌握政權的人互爲表裡。何況他們在國家「管」、「敎」兩項大政中又實際地負了二分之一的責任，明乎此則東漢學官之爭卽毋須多贅矣。

太學之變質

前已言之，太學設立之初原係替儒家創造特殊政治地位，是一個「罷黜百家」的工具。歷經兩百餘年之演變，儒家獨鳴之形式已成，罷黜百家之目的完全達到。其他學派與政治完全脫離關係。先秦時代「百家」皆有參政機會的局面一掃無餘。因而近人治學術史者嘗謂漢武以前是「子學時代」，其後兩千年爲「經學時代」。其實這也是似是而非的說法。東漢時代諸子之學固然式微，但是儒術亦隨之蛻變。蓋儒敎本是人類最少「排他性」的哲學。各種學派它都能食而化之，據爲己有。漢初儒家首與陰陽家合流卽其一例。其後漢人所謂「陽儒陰法」，所謂「霸王道雜治」，所謂「調理陰陽」，都是以儒爲體、以百家爲用的表現。因而各學派中從「少長貴賤皆從法」的研究，到「燒爐煉丹」的迷信，都成爲「儒生」的餘事。

相反的，各家學說爲求不與實際政治、社會生活脫節，也就讀幾句孔孟之言，戴上儒冠，以儒者的姿態出現。漢末張道陵輩，以黃老之徒自居，謬稱其曲解老莊之學爲道教，其實他們只是儒生所研究之陰陽讖緯之說濫觴後的餘孽。而眞正「既聞且博，亦玄亦史」的道家，反而多躲在儒家招牌的後面。漢末「以生道殺人」的諸葛亮，分明是個不折不扣的「法家」，而他卻要自稱儒生。

加以光武中興以後激勵氣節，儒生以宦徒爲可恥，沽名釣譽者更不惜「五月披裘」，裝模作樣。因而東漢時私家講學之風特盛。他們也「各以家法教授」，與太學諸博士在學術上平分秋色。《後漢書．儒林傳》論曰：「若乃經生所處，不遠萬里之路，精廬暫建，嬴糧動有千百；其耆名高義開門授徒者，編牒不下萬人，皆專相傳祖，莫或訛雜；至有分爭王庭，樹朋私里，繁其章條，穿求崖穴，以合一家之說。」這些私家講授的學者，生徒極衆，門下「著錄」（登記）每至萬人以上。❺所以以規模論，則擁有十四家博士、七千名教授、三萬名學生的太學，在當時也就算不得太「大」了。

漢代太學至東漢順帝時已達最高峰，但是這時的太學已不是儒術的最高學府，實際上只是一部分享有特權的儒士利用政府權力所把持的一所國立大學而已。

太學與私學的比較

東漢的私學既如此發達，其中的生徒和教授實往往駕太學而上之。論博大精深的學術造詣，論高風亮節的道德涵養，這些私家教授都遠非那享有特權的太學十四家博士所可比擬。博士聲望日低，「游士」聲望反而日隆。他們偶游京師，批評朝政，不特「太學生爭羨其風」，以爲「處士復用」，公卿輩亦均「折節下之」！

在這種情況下，太學裡想眞正治學的學生，因而也就感覺到太學裡的研究科目不夠多，學術水準不夠高了。且看東漢時最傑出的一位太學生鄭玄求學的經過。《後漢書・鄭玄傳》曰：「玄……造太學受業，師事京兆第五元先，始通《京氏易》、《公羊春秋》、《三統曆》、《九章算術》。」但是鄭玄覺得太學裡的教育不能滿足他的求知慾，所以他「又從東郡張恭祖受《周官》、《禮記》、《左氏春秋》、《韓詩》、《古文尚書》」。結果還是不滿足，且「以山東無足問者，乃西入關，因涿郡盧植，事扶風馬融」。融素驕貴，這樣優秀的學生竟至「三年不得見」，可見當時私家講學之盛況。康成（鄭玄之字）學成東歸後，設帳講學，生徒隨亦數百千人。到他七十四歲病死的時候，遺令薄葬，但是「自郡守以下嘗受業者，縗經赴會千餘人」！足見這時私學的學術地位，實非太學所可比。

太學設立之原來宗旨，以近代術語明之，原爲研究儒黨的「主義」和「思想」。治至東漢中葉，天下歸儒已成定局。各龐大的私立大學之內所談的和黨校所談的，也是一樣的「主義」和「思想」。而私家所談的遠比太學所談的科目更多、更博大、更精深，則太學便失去了學術上的領導地位，但是它在政治上卻仍然保留了獨霸的特權和榮譽，其爲當時極重氣節的士林所鄙，自是必然的下場。家君治漢學，嘗謂東漢私學起於光武之激勵氣節，而後「天下無孤，不知幾人稱帝，幾人稱王」的曹操，在政治上並無過可言，然渠爲一己篡奪之私慾，極力破壞東漢兩百年之士風，實罪無可逭，確是千古不磨之論。

在東漢這種士風之下，居學術高位的博士，有時還得不顧學問，替那不學無術而偏要「正坐自講」的皇帝作御用文人[6]，這與今日大陸郭若沫輩之甘心做「毛澤東思想的小學生」實同樣的無聊。因而其時極多有志操的學者寧願私家授徒，不願應徵爲博士（《後漢書・儒林傳》），這和今日的情形亦頗相同。

太學沒落的近因

太學既失其學術上的領導地位，因而就被士人看成徵逐利祿的衙門。太學博士秩比四百石，外放內遷均可做大官，各方群起徵逐，仕途遂雜。公卿「保舉」博士，又多「舉不以實」（《後漢書・楊震傳》），爲眞正讀書人所不齒，更爲落選者及其「保舉人」所嫉忌。班固〈東都賦〉曰：「四海之內，學校如林，庠序盈門。」在學術風氣這樣濃厚的東漢，無怪乎有人要廢太學、興辟雍了。

再者太學本身的學風亦江河日下。史言其「諸博士試甲乙科，爭第高下，更相告言；更有行賄定蘭台漆書經字，以合其私文者」。（《後漢書・呂強傳》）這種爲利祿而學問的學校，學科範圍既有限制，教授亦非上品，生員的選拔又充滿貴遊子弟，「天下英雄」沒有自由競爭的機會，因而遺賢遍野，「親小人，遠賢臣，此後漢所以衰頹也。」諸葛名言，信其有徵。❼

東漢末葉，太學既去其爲國家養士掄材之道，因而眞正的人才和榮譽反而出諸士林之內讀書人的彼此推重。漢、魏之間因而乃有「月旦評」一類的言論機關出現。名滿全國的學人，不是在朝的博士，而是在野的「躬耕南陽」一類的名士了。此風濫觴，魏、晉之際，當朝者懲前代之失，其養士制度遂不再借重太學，而改用士子之間相互評議的「九品中正」制度。至九品制度再生流弊，公平合理的、普遍性的考試制度始正式確立，以迄於今。

今日吾人回顧兩漢太學興衰之史跡，固然太學非不能養士也，良以統治當局見識不足，使本可大有發展之制度失其學術性，失其「天下英雄」自由競爭的方式，使太學捲入政治漩渦，變成少數人把持之局面，爲少數人創造特權，而至於失敗。史書足以資治，撫今思昔，讀史者能不慨然！

註釋

❶《漢書・終軍傳》：「……年十八，選爲博士弟子，至府受遣。」顏師古注曰：「博士弟子屬太常。受遣者，由郡遣詣京師。」

❷《後漢書・孝質帝紀》：「自大將軍至六百石，皆遣子弟受業。」

❸兒寬以郡國選受業博士，貧無資用，嘗爲弟子都養，見《漢書・兒寬傳》。太學生公沙穆，客傭，賃舂

，見《後漢書・吳祐傳》。

❹東漢開國之君光武帝以及東漢大儒鄭玄等均出身太學。西漢太學已有學潮，見《漢書・鮑宣傳》。後漢學潮更甚，見《後漢書・黨錮傳》。

❺如蔡玄，史言其講授《五經》，「門徒著錄者萬六千人」，見《後漢書・蔡玄傳》。

❻《後漢書・儒林傳》載，明帝曾集諸儒「正坐自講」。〈章帝紀〉亦載有章帝親決五經異同。

❼此處筆者所述僅就「制度」二字立論，非言太學無絲毫建樹也。漢末黨錮之禍時，太學生的表現，何等輝煌，因為太學畢竟是擁有三萬多青年的一所大學。

＊原載於《中國歷代大學史》，台北，中華文化出版事業委員會編印，一九五八年八月再版。

八、那變不了法·改不了制的一百天

召見康有爲，決心變法

現在再看看慈禧光緒這對母子，是怎樣鬧僵的。

時在一八九八年（光緒二十四年）春初，帝國主義瓜分中國之危機正迫於眉睫之時，我們那位頗有個性而赤忱愛國的青年皇上是不能再沉默了。透過他的身任軍機大臣的族叔慶親王奕劻，向太后申訴他不能作亡國之君。如太后再不授權改革，他寧願「遜位」云云。據說西后聞此言至爲憤怒，說：「他不願坐此位，我早已不願他坐之。」嗣經慶王力勸，始說：「由他去辦，俟辦不出模樣再說。」但慶王覆命時，不願多言，只向皇帝輕描淡寫的說太后不禁皇上辦事。誠實而少不更事的光緒皇帝得此傳語，就眞的大幹特幹起來了。

他的實際行動的第一步便是〈定國是詔〉，公開宣佈他決心「變法改制」。時爲戊戌年四月二十三日，公曆六月十一日。這便是這件可悲的「百日維新」的第一天。緊接著便是召見康有爲。因爲康是他的智囊和改制理論的源泉。但是光緒並沒有看過康有爲著《孔子改制考》或《新學僞經考》。他所著重的改制顯然只限於日本模式，或俄國彼得大帝的模式。

光緒召見康有爲的時間是戊戌四月二十八日（陽曆六月十六日）早晨五點至七點。地點是「頤和園」仁壽殿。因爲此時已號稱「歸政」的西太后，長住於頤和園。然國有大政，皇帝還是要親去頤和園向太后請示的。此次光緒已早兩日來園駐蹕。他之召見康有爲顯然是得到西太后面許的。

頤和園是今日名聞世界的旅遊勝地。仁壽殿對很多讀者和作者均不生疏。康有爲當年在這座房子裡是怎樣陛見光緒的？想讀者們和作者一樣，都有若干興趣。今且將他君臣二人當時相見的實際情況，節抄若干。以下是康氏在逃難中，親口向新聞記者說的：

六月十六日皇上曾召見我一次。這次召見是在宮〔園〕內的仁壽宮〔殿〕，從清晨五時起長達兩小時之久。當時正是俄國人佔領旅順大連灣不久，因此皇帝是面帶憂色。皇帝身體雖瘦，但顯然是健康的。他的鼻樑端正，前額飽滿，眼光柔和，鬍子刮的很乾淨，但面色頗爲蒼白。他的身材是中等的，手長而瘦，儀表精明。其態度之溫和，不特在滿洲人中少見，就連漢人中也沒有。他穿的是普通朝服，但胸前不是那大方塊的繡花，而是一圓形的團龍；此外在兩肩之上也各有一小塊繡花。他所戴的也是普通的官帽。進來的時候，由幾個太監領先，然後他坐在一個有大黃色靠墊的寶座上，雙足交疊。坐定之後，他命令一切侍候的人都退出去。在我們整個的談話中，他的眼睛時時留神窗户外面，好像防備人偷聽一樣。在他的面前，有一張長枱子，上面有兩個燭台，而我則跪在枱子的一角，因爲枱子前面那個拜墊是留給高級官員跪的。在整個時間裡，我一直是跪著的。我們的交談是用京話。（見中國史學會編《戊戌變法》第三册，頁五〇六。原載一八九八年十月七日香港《中國郵報》。）

以上是光緒和康有爲第一次見面，也是他們君臣之間唯一的一次。康有爲向他的主上當然是說了一些廢八股、練洋操，「小變不如大變」，「緩變不如急變」的變法主張。其實這些話都是多餘的。光緒這時已決定依照康的條陳變法改制。召見只不過是一種形式而已。——他有意以康有爲提調「制度局」。

康有爲師徒這時對變法步驟的具體主張，可以概括言之曰質變而形不變。他們怕保守派顧慮失權失位而反對新政，乃向皇帝建議把一切高官厚祿的名位和王公大臣的職權，表面上全部保留不動；然在同一時間，則重用小臣，主持實政來推動改革。例如裁汰冗員、撤銷無職衙門、廢八股、試策論、開學堂、練新軍、裁釐廢漕、滿漢平等、滿族人民自謀生計等等「新政」。

與此同時，光緒帝也真的繞過大臣而重用小臣。第一當然是康有爲。康自工部主事，升入總理各國事務衙門，「在章京上行走」（行走者，有事則行，無事則走也）。雖然還是個五品小官，但康有爲可專摺奏事，爲天子近臣——成爲一個舉朝側目的實際掌權的人物。

其後不久，光緒帝又擢用譚嗣同、楊銳、林旭、劉光第四個年輕小官，以「四品卿銜在軍機章京上行走」；襄贊天子，處理日常政務。——這一不次之遷，不但把軍機處和總理衙門，都給「架空」了；連無緣再見皇帝的康有爲，也大有酸葡萄的感覺。有爲說他們四人事實上已居相位，但是四人相貌單薄，沒有威儀，望之不似宰相，云云。康氏尙有此感，則滿朝文武的醋勁，也就可想而知了。而新派人物亦難免有其少年得志的衝動和氣焰。——他們甚至公開討論某職應撤、某官須廢。弄得滿朝文武（尤其是滿族），惶惶不安。

前有古人、後有來者的「架空政治」

這種重用小臣、架空大臣的辦法，康梁二人都認爲是他們的新發明。其實「架空政治」在中國政治史上是前有古人，後有來者的。

在我國隋唐以後的中央大官，最尊貴的莫過於所謂「尙書」了。其實「尙書」一職，在秦漢官制裡原是皇宮裡面的「五尙」或「六尙」之一——什麼尙宮、尙寢、尙食、尙衣、尙書（可能還有尙廁吧）等等。那都是服侍皇帝和后妃的黃門內官。只有宮女和太監，才能擔任的。男士要當尙書，先得閹割，才能入宮。可是在西漢武帝、成帝之世，皇權上漲。這個原是閹人黃門充當的尙書小官，因爲是天子近臣，漸漸就重要起來了。時至東漢之末，十常侍亂政之時，這些尙書們就把朝中的「三公九卿」，全給架空了。這一架空政治，通過魏晉六朝，就變成九卿備位，尙書當權的怪現象。至隋文帝統一天下，改革官制，乃乾脆把九卿全廢，改用「六部尙書」。當然隋唐以後的「尙書」，太監也就沒分了。

可是架空政治這個魔術，卻不因尙書之扶正而消滅。明太祖廢宰相，代之以內閣學士，還不是這魔術的重演？等到內閣大學士又變成宰相了、雍正皇帝要架空他們，乃以小臣設軍機處來取而代之。現在軍機又有權了；康、梁師徒乃爲光緒設計以四品小臣的四位「章京」，把位高一品的軍機大臣架空了。

不特此也。到民國時代的國、共二朝，此一藝術仍爲蔣、毛二公所承繼。

在三〇年代之初，當汪精衛出掌行政院，蔣公任軍事委員會委員長時，那個六部俱全的「委員長侍從室」的重要性，不也是在「行政院」之上嗎？事實上「侍從室」這個機關的名字，就有封建王室中內廷的氣味。「侍從室主任」和他以下的各組組長等小官，如果生在漢朝，都是應該要閹割的呢！

到毛澤東晚年的人民政府時代，那個權傾朝野的「四人幫」，事實上還不是成長於內廷的「十常侍」？替毛公傳達「最高指示」的毛遠新、王海容等青少年男女，不也是在「章京以上行走」？王洪文不是要架空周總理？連一個小宮女張玉鳳不也要支取中央書記處機要祕書的薪給，而「五尙」通吃？那時在國務院當「協辦大學士」的鄧小平，哪能同他們比呢？所以這種架空藝術，是我們中華三千年來的國寶。康、梁師徒在自己臉上貼金——這哪是他二人發明的呢？

不過搞這種小臣近臣，來架空大臣權臣的政治藝術，卻有個先決條件——搞架空的主使人，一定要是像漢武帝、明太祖、雍正皇帝、蔣委員長、毛主席那樣有「最後決定權」的大獨裁者。一個見著老娘就發抖的兒皇帝，則千萬做不得。不幸的是那時主持變法改制的光緒，卻正是這樣的一位「兒皇帝」。以兒皇帝的「小臣」去架空老太后的「權臣」，則成敗之數，豈待蓍龜？——這種政局的演變，我輩熟讀《通鑑》的後世史家，都洞若觀火，而精敏如康、梁竟無覺察者，便是身爲急功「小臣」，以致當局而迷罷了。

維不了新、變不了法的一百天

戊戌年的夏天，那座「天晴似香爐、天雨似醬缸」的北京城，是炎熱難當的。可是這個季節卻正是我們那位可敬可愛、也可嘆可悲的年輕皇上，爲國爲民而疲於奔命的時候。爲著推動他的變法改制，他三天兩天都要從那時的禁城、今天的故宮趕往頤和園，向太后請示。（可憐的光緒爺是沒有空調汽車的。）

自他於六月十一日（陰曆四月二十三日）下〈定國是詔〉之時起，到九月二十一日（陰曆八月初六），西太后還宮「訓政」，把他關入瀛台止，前後一百零三天，光緒帝去了十二次頤和園，每次駐留三數日。至於他們母子之間交談的實際情況，外人固無由得知，但是這位年輕皇帝苦心孤詣的懇求改革，而太后不同意，致每遭訓斥，則盡人皆知。等他回到宮中，詔書雖一日數下，而朝臣對他拖延時日，拒不回報；疆吏（湖南巡撫陳寶箴是唯一例外）對他則陽奉陰違，甚至陰違陽亦不奉。但是他們也有他們的苦衷和藉口。蓋向例南洋大臣和外省督撫的行動，都是以北洋大臣、直隸總督的馬首是瞻；

而這時的北洋大臣直隸總督榮祿則是頑固派的總頭頭。他仗著太后的權威，對光緒簡直公開抗命。他認爲皇帝年輕無知、任性胡鬧，因此把光緒所有的詔命不但當作耳邊風，並糾合朝中保守要員剛毅、李盛鐸、楊崇伊等加油添醋地向頤和園打小報告，聯銜籲請太后回朝訓政，恢復垂簾，以遏亂萌。——這當然是西太后求之不得的，有的甚至出於她的授意。

再者，新政的施行和步驟當然亦有它本身的困難。就以「廢八股改策論」這一考試新政來說吧！八股是空話，策論還不是空話？然寫八股文要讀聖賢書，還有個「帖括」（英文叫format）可循。寫「黨八股」式的策論則並此而無之。所以在戊戌夏季有個老實的浙江學政陳學棻上奏說：「改試策論，閱卷艱難，不如八股之易。」光緒覽奏不悅說：「陳學棻既不會看策論，可無庸視學。」就把他撤差了。其實如把康有爲放出去作學政，以他那一點點的所謂西學知識，恐怕他對策論考卷的批閱，也沒個取捨的標準呢！

梁啓超說，開明而通時務的達官如張之洞，也深知廢八股爲變法之第一事；然張氏亦不敢輕言取消八股。因爲他深「恐觸數百翰林、數千進士、數萬舉人、數十萬秀才、數百萬童生之怒。懼其合力以謗己而排擠己也」(以上均見梁啓超著《戊戌政變記》)。這本來是關係到國內數百萬知識分子命運和前途的大「問題」,哪是空談變法「主義」,所可解決的呢?不論「黑貓白貓,能捉耗子的才是好貓咪」(鄧小平語)。徒足製造「問題」而不能解決「問題」的廢八股改策論的「新政」,究能派啥用場呢?

再說改廟宇辦學堂吧!當時那幾十萬座廟宇,幾百千萬佛道各教的神職人員,也都非等閒之輩。哪能只憑一紙上諭、兩頁公文就可以把他們趕出廟門,結婚還俗呢?縱使能廢廟辦學,則經費、師資、課程、學童哪裡來,也非朝夕之功。至於康氏所想像的「舉行地方自治」,更屬空中樓閣。君不見,我們國、共兩黨搞地方自治,搞了大半個世紀,還不是連個半調子的「自治」也未搞出來。光緒爺要在一百天之內就可以改舊換新,搞出個奇蹟,豈不是癡人說夢?

總之,長話短說,我民族的歷史走進那清末戊戌年代,已積重難返。我們的國家機器已全部鏽爛,無法修復。我們的社會亦已至癌症末期;病入膏肓,醫藥罔效。所以在許多激烈的志士們看來,其徹底解決之道,那就是人死病斷根;憐愍殺人,槍斃了事。——其後接踵而來,相信「一次革命論」的國共兩黨,都是主張「不破不立」的槍斃專家。孫中山先生說：「破壞難於建設」，正是此意。可惜他老人家破壞未竟身先死，長使英雄淚滿襟。共產黨來了，老毛打砸搶玉石不分，破壞可就徹底了（古代的流寇在歷史上所發生的破壞作用正是如此）；他美其名曰「搬掉三座大山」。其實他和敝鄉長朱元璋一樣，一座大山也未搬掉，還另加一座新山。這種搬山造山運動，解決不了中國的老問題；也趕不上「先進國家」。所以鄧小平今日還在山前山後亂竄一通，不知伊於胡底？——這些都是後話，將來再慢慢交代。

老佛爺的手掌心

且看於此同時，那位在頤和園內納涼避暑的慈禧老太后，又在幹些什麼？她老人家沒有閒著。身在園中，心在宮內，她特務密佈、眼線滿朝，小報告日夜飛來；滿族頑吏、漢族諂臣，求恩乞憐，亦時時跪滿四周。光緒帝的一舉一動都在她的嚴密監視之下。

西太后原是個陰險狠毒、睚眦必報，狐狸其貌而虎狼其心的潑婦人。但是她也是個精明強悍，老謀深算而善於縱橫捭闔、恩威兼施的女主。她對情敵政敵（包括她的兩個兒子），都會不動聲色，設下陷阱而伺機捕殺。這種複雜的個性，是舞台藝人扮演不出的。她沒有銀幕上的劉曉慶那麼可愛。

遠在戊戌之前，她對那逐漸長大而頗有個性和脾氣的嗣子載湉，已早存廢立之意。這是從單純嫉妒心出發的——一種臥榻之側不容他人鼾睡的，很通常的精神病現象。但是她一怕洋人干預，二怕疆臣不服，三怕小叔（恭親王）不依。同時她所看中的對象也不敢承受，所以她才隱忍未發。

迨戊戌暮春，當載湉要求授權變法時，她當然更不能容忍。但慈禧是一隻老狐狸。她縱想結束退休，還宮訓政，她也要佈置出一個適當的局面和時機。第一要孫行者跳不出老佛爺的手掌心；第二還要有面子。——她之復出是循臣工百姓之請（在美國政治上叫做draft，即拉伕），不得已而爲之也。因此在戊戌春夏之間，她就做了幾項重要的安排：

首先她就把翁同龢罷官，趕出政治圈。翁是享有「獨對」之權的光緒帝智囊。他這位享有清望的狀元老臣，也是朝中開明派的班首；更是康、梁等激進派的家長與護法。翁氏一旦被黜，光緒就失去一個首席謀臣、一個中間橋樑和一個翼護新黨的家長。一箭三鵰，翁同龢就在六月十五日被「開缺回籍」。兒皇帝也就被完全孤立了。

其次她要保持京津和華北地區，在內爭上的絕對安全。為此，在翁同龢被革的同日，西太后即擢升后黨總頭目榮祿署理直隸總督；旋即眞除領北洋大臣。統轄董福祥（甘軍）、宋慶（毅軍）、聶士成（武毅軍）和袁世凱（新建陸軍）及京畿旗軍數萬人，拱衛京師及各交通要隘。有此項軍事部署，雖不足以禦外寇，然（如滿族王公所說）在防備「家賊」方面，京津一帶可以說是固若金湯了。至於太后所居的頤和園，更是警衛森嚴。入覲的命婦女眷都要搜身。相形之下，光緒除掉少數扈從太監之外，安全措施實在是俯仰由人；他自己一無所有。

記得我的朋友李宗仁將軍，當年被指派出任「代總統」。他不服，吵著要當「正總統」。在吵鬧之間，吳忠信提醒他說：「你的衛兵都是蔣先生的人，你還吵什麼『代總統』、『正總統』呢?!」李氏聞言大悟，就決定不吵了。

同樣的，當「四人幫」被捕的時候，華國鋒、汪東興不都是「政治局委員」？「八三四一部隊」被調出北京換防去了，華、汪二人不也是相繼換防養病？

光緒爺當年在類似情況之下，向西太后哭哭訴訴要她授權變法。他和他的青年謀臣們就沒有想到，他們的衛兵也「都是蔣先生的人」；他們的安全也得不到半個「八三四一」的保護，而他們的「變法改制」或「幼稚胡鬧」，總歸會有人反對的——多則幾百萬人，少則是頑固派裡面的幾十個滿漢人馬。這批反對派在憂心忡忡之時，乃結伴東去天津「督署」乞援搬兵；西去頤和園哭跪，籲請太后回朝訓政。西太后這個老狐狸，最初笑而不言。更有涕泣固請者，西太后就笑而罵之，說：「你們爲什麼要管這些閒事？難道我的見識還不如你們？」那時也有人到督署訴苦。榮祿說：「讓他去胡鬧幾個月嘛！鬧到天下共憤，惡貫滿盈，不就好了嘛！」

所以西太后的對策是不動聲色，佈下陷阱，讓光緒和他的新黨去「胡鬧幾個月」。這時恭王已死，干涉無人。等到「天下共憤」，太后振振有辭之時，只要她臉色一變，則跪在地下顫抖得面無人色的萬歲爺，自然就知道「朕位不保」了。哪還要等到（如當時盛傳的）秋季去天津閱兵，才搞廢立呢？

果然事態發展至九月中旬，當光緒帝還忙著要開懋勤殿，以鼓勵臣民向朝廷直接薦賢進言時，西太后臉色突變。光緒便立刻感覺到大禍臨頭、皇位難保了。爲著保位保命，他皇上才臨時抱佛腳，於九月十三日陰曆七月二十八日（一說九月十四日）密詔康有爲及四章京「妥速密議，設法相救」。一面又另諭康有爲「督辦官報……迅速外出，不可延誤」。可笑的是當時這位康聖人竟毫無警覺，他還以爲皇上是眞的要他到上海去辦報呢！乃大模大樣、安步當車的搭車去塘沽，乘輪南下。他那時要不是以親英出名，而使情報靈通的英國人派專輪趕往吳淞口外，搶救他脫險，老康縱長著十個腦袋，也都搬家了。——康大聖人之所以能跳出老佛爺的手掌心而保全了首級，無他，讓我借用一句鄧公小平逃出魔掌時的四川話：「命大！」

一九八七年之秋，余路過青島，曾拜謁過康公新墓。承陪遊同志相告，墓中康老已無頭。他的頭是用不鏽鋼假造的。原來康公雖逃過了「老佛爺」，卻逃不過「紅太陽」。他的舊墳被紅衛兵挖掉來鞭屍。他的頭也被紅衛兵拿去展覽，就不知去向了。後來鄧小平替他平反，改葬建新墓，但是找不到頭顱。青島地區首長，乃用不鏽鋼造了一個。余聞之嘆息。這也是康老的「命」吧！

袁世凱告密

就在戊戌九月中旬，康聖人悠閒離京南下之時，那留在朝中的譚嗣同等四章京可就緊張了。他們與光緒之間可能有過密議並取得一致意見，認爲唯一可以挽救危局、扭轉乾坤的辦法，就是說動袁世凱，興兵勤王。袁如能效忠皇上，則大事或有可爲。

袁世凱那時所統率的「新建陸軍」七千餘人，兵力爲諸軍之冠，的確是個實力派。他的作風與思想也表明他是個新派人物。但是他的正式官銜則只是「直隸按察使」，是榮祿下面的一個「從二品」的省區中級官吏，俗稱「臬台」。袁之有此地位多得力於榮祿的「知遇」；當然他對榮祿勾結得很緊，而榮祿又是太后的心腹，他自己也就前途無限。如今光緒要他脫離榮祿、撇開太后而轉投實力毫無的空頭帝黨，這對袁世凱的仕宦前途，甚至身家性命，都是個極大的賭博。——在這場帝后衝突之中，他只要按兵不動，則帝黨就必然殺頭坐牢，全軍覆沒。他如貿然加入帝黨，興兵勤王，他那七千子弟也未必救得了皇帝，而自己腦袋反可能搬家。袁世凱是個治世之能臣、亂世之梟雄。利害之間，他是洞若觀火的。

就從是非之辨來說吧！袁老四如眞具赤子之心，像那位衝動的小六子「張少帥」，他或可不計利害和後果，來搞他個愛國的「苦撻打」。不幸袁氏卻是個比老狐狸更老狐狸的老狐狸，他就不會上那群愛國君臣的大當了。——這一政治秀在當時稍具政治頭腦的觀察家，都可瞭如指掌，何待乎一百年後的歷史家來放其馬後砲呢？

可是那時的帝黨中的首腦分子，已面臨不測之禍；精神上也已被逼到歇斯底里的程度，只好死馬當活馬醫，顧不得許多了。九月十四日（陰曆七月二十八日）袁世凱乃奉召入京；十六日在頤和園面聖，光緒對他慰勉有加。袁氏旋奉硃諭，「按察使開缺」；以「侍郎候補，專辦練兵事務，並隨時具奏應辦事宜」。這一下袁世凱便從一個「從二品」的中級地方官，升調成爲一個「正二品」的中央大吏。清制「侍郎」與各部「尚書」通稱「堂官」，幾乎是平等辦事的。袁是個精明強幹的人（不像康有爲那樣木訥）。他知道他的擢升，有箇中原因，尤其是在「謝恩」時，皇帝面諭，要他與榮祿「各辦各事」。

這時榮祿已獲得情報，他一面調兵佈防，以備不測；一面製造英俄開戰的假消息。並派專差急催袁世凱回津。當袁氏正在進退兩難之時，便發生了譚「軍機」深夜密訪的敏感事件。據袁死後才洩露的《戊戌日記》所載：九月十八日（陰曆八月初三）譚嗣同夤夜來訪，並開門見山的告訴他，西太后與榮祿有弒君和廢立的陰謀。皇上希望袁氏保駕，率兵誅除榮祿並包圍頤和園。袁問如何處置西太后呢？譚說他已僱有好漢數十人；「去此老朽，在我而已，無須用公」云云。袁在其日記中說他聞言「魂飛天外」，但是嗣同此時已「類似瘋狂」，又係「天子近臣」，他不敢不敷衍。好不容易才把譚送走。

上節已交代過，袁世凱是絕不會接受譚嗣同之密謀的。兩天之後他回到天津，乃把譚的計畫向榮祿全盤洩漏。其實譚氏這一祕密計畫，西太后與榮祿早已知道，也早已採取行動了——慈禧已於十九日（陰曆八月四日）自園還宮；二十一日正式臨朝「訓政」，並下令京師戒嚴，火車停駛。隨即幽禁皇帝、緝捕新黨；盡廢新政、恢復舊法。這就是所謂「戊戌政變」了。——西太后發一陣雌威，新黨新政也就從此煙消雲散；皇帝也關入瀛台。

戊戌黨人碑

在政變驟起時，第一個關城搜捕的要犯，自然就是康有為了。誰知康竟能於前一日，大搖大擺的走出城去。康氏第一名大弟子梁啓超，幸好平時也有親日言行。這時乃由日友保護躲入使館，化裝逃去。其他與新政新黨有關，未及逃走，或不願逃走而被捕者凡數十人。其中首要分子就是所謂「六君子」——譚嗣同、楊銳、林旭、劉光第、楊深秀和康廣仁。這六人未經審訊就於中秋前二日陽曆九月二十八日，在北京菜市口被殺，由頑固派的大頭頭剛毅「監斬」——剛毅（一八三七～一九〇〇）就是講那句有名的混帳話，什麼「寧贈友邦，不畀家奴」的滿族協辦大學士——一個渾球。

就義的六人之中，最有殉道精神的要算譚嗣同（一八六五～一八九八）了。他本可逃走。但是他覺得他是新政前鋒；新政失敗他有殉難的義務。嗣同告訴勸他逃走的朋友說，變法就必然會流血；要流血，就應該從他開始。所以他就從容就義了。嗣同是一位無私的愛國者、一位眞君子；中華民族的好男兒。

楊深秀（一八四九～一八九八）也是一位守正不阿、輕生重義的豪傑御史。他雖然也是維新派，但是在政變已成事實，西太后正式「訓政」，皇帝被幽，舉朝戰慄之時，他本可閉口免死。但他偏要挺身而出，詰問光緒被黜之故，並抗疏堅請慈禧歸政，以致被捕就義。我們試查明、清兩朝千百個御史，和國、共兩黨中專打蒼蠅、窮拍馬屁的所謂監察官員中，有幾個楊深秀呢？孫中山就是看重像楊御史這種言官，才堅持要搞「五權」憲法的呢！

六君子之中死得最寃枉的要算是三十一歲的康廣仁（一八四七～一八九八）。廣仁沒有做官，也沒有在維新運動中當過重要幹部。所以變法失敗之後，他無心避禍，也沒有逃難。因爲他實在沒有被殺的罪狀。但是他終於陳屍菜市口，只因爲一條資格——他是「康有爲的弟弟」。所以他在被殺之前，在獄中以頭撞牆，悲痛呼號，實在也是很夠慘烈的。

諸烈士既死，新黨中堅或逃匿、或拘囚、或流放，一時俱盡。那些原與他們同氣相逑、同聲相應的開明朝臣，或被黜（如翁同龢）、或被阻（如張之洞）、或緘口自保、靠邊站（如李鴻章、劉坤一、孫家鼐）……朝中無人，大清帝國的內政外交決策大權，便掌握在以西太后爲首的，一群群老朽昏庸、頑劣無知的自私官僚之手。如此則其後朝政每下愈況，終於引起「義和拳」和「八國聯軍」之禍，那也就是順理成章的發展了。

必然之中有偶然

「戊戌變法」是我國三千年歷史中，在商鞅（公元前三九〇～前三三八）、王莽（公元前三三～公元二三）、王安石（一〇二一～一〇八六）之後，和鄧小平（一九〇三～一九九七）之前，幾個驚人的變法運動之一。

商鞅「作法自斃」終遭「車裂」（四五部馬車或牛車把他拉裂成幾條肉塊），死得最慘。王莽食古不化，搞教條主義，結果也被砍頭。王安石以舊瓶裝新酒，用已鏽爛的國家機器，來改造積重難返的大病態社會。他能保全了首級，也算是「命大」。

鄧小平是我民族的變法專家之中，年齡最大、地位最高（比王莽還高一級）、個子最小（比拿破崙還矮幾公分），而更是夫妻兒女，全家總動員的一位。他也生個不平凡的三上三下的八字。做官搞黨，要三上三下；搞改革體制、變法維新，是否也要來個三上三下？天機不可洩漏，目前誰亦不知也。吾人隔岸觀火，但知他已搞了兩上兩下。今後能否可以三上不下，像他做官一樣的大運亨通，大洋三岸的觀察家們，就各說各話了。其實今日之搖頭晃腦的專家學者、吵吵鬧鬧的無冕之王、港台媒體，乃至張半仙、李鐵嘴等數不盡的算命先生，包括閉門造車的筆者自己，都在胡說八道。——將來謎底揭曉，諸公猜錯了，原屬活該；諸公猜對了，也只是巧合。若說諸葛亮的六爻八卦，眞能上通鬼神，知過去未來，那就是三國演義了。黃蘗禪師說得好：「後事還須問後人。」大考之後，分數貼出，將來的老師，自會有公平的評斷。

至於康有爲戊戌變法，就不然了。戊戌去古未遠，史料齊全。水晶球內，事實昭然；而載湉康梁、慈禧榮祿，威權久泯，恩怨已斷。當今史家，如熟悉史實，剔除成見，未始不能作論定之言，以彰史跡而戒來茲。筆者不揣淺薄，試作此想，曾爲這樁公案，膽出四章，凡數萬言，以窺其堂奧。長話短結，試問戊戌變法在歷史上，究竟應該怎樣定位呢？

首章已言之，長逾一百五十年的中國近代史，在社會發展的性質上，原是一部「轉型史」——從中古東方型的社會，轉入現代西方型的社會。這一轉型自鴉片戰爭開始，時至今日我們仍然徘徊於中古邊緣的「第三世界」。其工程之艱鉅，可想而知。但是那時的光緒爺要把這百年難變之「型」，而變之於指顧之間，其必然失敗，實無待多費筆墨。把這一現象「概念化」一下，我們可以說：「戊戌變法之失敗」是個歷史上的「必然」。

但是歷史上的「必然」，往往又爲「偶然」所左右。因爲失敗的時間、空間、全面或局部、程序和方向、方式和影響……在在都決定於「偶然」因素。這些「偶然」有時也就「必然」的成爲下一階段歷史發展的「基因」（gene或cause）。

例如：「全部失敗」和「局部失敗」二者都是「偶然」，但是二者不同的空間，對下一階段歷史的基因，就大不相同。

再如：失敗於「百日」和失敗於「十年」，也都是人爲因素的「偶然」，但是這不同長短的時間，對於下一階段基因的發展，也就「必然」有決定性的影響。

研究戊戌變法，我們之所以要用兩篇篇幅來解剖康有爲一人的緣故，便是左右這個歷史「必然」的最主要的「偶然」，便是康有爲這個「人格」(personification)。把康有爲換成康無爲，則「戊戌變法」這段歷史失敗的過程，和它對下一階段所發生的基因作用，可能就完全不同了。

通古今之變，識中西之長

在這段歷史之中，康氏所扮演的角色，應該是理論家、思想家和政治家。不幸康有爲在這三方面，連最起碼的條件，亦不具備。因爲生爲現代中國的理論家和思想家，他的見識和學養實應兼跨古今兩代，和中西兩型。康氏對西學那一點點粗淺的認識，不但跨不過這兩條鴻溝，他強不知以爲知，適足以爲害。——毛澤東搞「大躍進」，餓死農民兩千五百萬，就是類似的強不知以爲知，最慘痛的一件史例。

至於康有爲的漢學，他的火候可還在梁漱溟、錢賓四之上。不幸的是他故步自封，走火入魔，犯了教條主義的大錯。康作詩說：「良史莫無兩司馬，傳經唯有一公羊。」兩千年舊史都趕不上兩司馬，可能是事實。傳經唯有一公羊，從今文家觀點出發，也沒人能制止他作如是說。百家爭鳴，原是盛事。他千不該萬不該，是不該眞來搞個通經致用，以死硬的教條主義來排斥一切。他如果不搞教條主義，而能虛懷若谷的與以張之洞、翁同龢爲首的開明派合作，則變法維新亦有其建設性，而不致走上後來頑固派獨大的局面。教條主義之爲害中國，康有爲是始作俑者。——這也是個歷史的「偶然」。

不能做理論家、思想家也就罷了，康有爲至少可以做個民胞物與、襟懷豁達的政治家嘛！可惜康氏也沒有做政治家的秉賦。他生就是個驕傲不群、木訥乖僻，而又頑固急躁的知識分子。他十九歲結婚；我國千年舊俗，花燭之夕，親友們熱鬧一番，鬧鬧新房，也是常事。而他這個乖僻的新郎，卻不許鬧新房，弄得頗失親友之歡。那時有爲篤信周禮，一切要按「禮」行事。所以在他祖父去世之日，他也在棺前結苫廬，縗絰白衣不去身，終年不食肉。他自記說：「時讀喪禮，因考三禮之學，造次皆守禮法古，嚴肅儼恪，一步不逾。」但是他自己也說，他這樣做「人咸迂笑之」。可是他自誇「少年剛毅，執守大過多如此」。他我行我素，才不在乎別人如何批評呢！

記得清人筆記亦嘗記有某翁，因篤信「正心誠意」之說，他「昨夜與老妻敦倫一次」，也要在日記裡「正心誠意」地記錄下來。康有爲正是這樣木訥乖僻之人。

這種少年康有爲型態的知青，我們小中大學同窗好友之中，正不知有多少。人各有其不同的個性與生活方式，本不應彼此相強。但是這種人就不能當「公關」、搞「P・R・」，尤其是不能做政黨的黨魁了。

有爲青年期，在一再「鄉試不售」的沮喪心情之下，也曾習禪打坐、誦佛道經典以自遣。有時竟弄到「哭笑無常」的程度。這也是根據他的夫子自道（自編年譜）。「哭笑無常」是初期精神病的現象。據心理醫師言，病人本身如知此現象爲不正常而求醫，則其疾不致深入。如病人以此「佯狂」而自傲，那就可能變成「瘋子」。做瘋子仍可做大學者如章太炎。但是做「章瘋子」就不能做政治家了。

在我國明、清兩代舊俗，考生進學或中舉點進士，都要拜主考官爲「房師」，以報答主考官對他才華和學問的賞識。可是康氏驕傲成性。他要孫中山拜他爲師；他自己則拒絕拜自己的主考官爲師，弄得狂名滿天下。最後應朋友之勸，康氏總算拜他的鄉試主考官許應騤（後任「禮部尙書」）爲房師。但他們的師生關係卻弄得形同水火。其後維新期間，對康氏痛心疾首，而參劾最厲的也正是許氏。許氏之劾康，與其說是由於意蒂牢結，倒不如說是感情用事。據說康亦慫恿御史反劾，在皇帝面前打個火上加油的筆墨官司。光緒袒康革許。斯爲光緒親政之後，第一次黜陟大臣。其後帝后兩黨之水火，就更無法收拾了。

據說康有爲於六月十六日光緒召見之時，在「朝房」（等候召見的地方）與榮祿不期而遇。二人談到變法。榮說：「法是應該變的，但是一二百年的老法，怎能在短期內變掉呢？」有爲忿然回答說：「殺幾個一品大員，法就可以變了。」

我們在一百年後回看戊戌政情，固知那時的榮祿有力足以殺康；而康絕無力量可以誅榮。在這百日維新剛啓幕之時，康對舊派第一號大頭頭，作此毫無必要的憤激之言，也可想見他在處人上的偏激，和政治上的木訥了。

總之，「戊戌變法」實在是我國近代史中，繼「科技現代化」（或「四個現代化」）而來的第一個「政治現代化」（也可說是淸末的「第五個現代化」吧），但是這個運動不但未能領導我們的政治體制前進一步，反而倒退了數十年。胡爲乎而然呢？

我們知道戊戌變法主要的推動者是光緒皇帝。若以《春秋》的標準作「誅心之論」

，要從爲國爲民、犧牲小我的動機著眼，光緒帝這位愛國青年，實在是我國歷史上極少有的「堯舜之君」。但是光緒帝畢竟是長於深宮之中，受制於無知而狠毒的母后的一個兒皇帝。經驗不足，徒善亦不足以自行。他應首先慢慢地建立自己的權力基礎——像蔣經國那樣——然後才能試行變法。縱使時機發展至法有可變之時，也應分爲輕重緩急次第施行。詔書一日數下，朝野莫知所適，也不是個辦法。不幸這位年輕皇帝，顯然感到國亡無日，所以迫不及待。但是他的軍師謀臣，應該有見及此。不幸康某木訥執拗，識見不足；而操切浮躁，且有甚於幼主。——言念及此，我們不能不說康有爲實在只是一位狗頭軍師。他不能擔當推行政治現代化的天降大任，而開了倒車。

值此兩千年未有的轉型期，失之毫釐，差之千里。有心掌舵的人，總應略通古今之變，粗識中西之長。虛懷若谷，愼重將事。君子誤國，其害有甚於小人。可不愼哉？以古方今，鑑往知來。摩挲舊史，涉獵時文。擲筆几上，吾欲何言?!

*原載於台北《傳記文學》第六十一卷第三期

國家圖書館出版品預行編目資料

晚清七十年 / 唐德剛著. -- 初版. -- 台北市
：遠流，1998〔民 87〕
冊；　　公分. -- （唐德剛作品集；1-5）
ISBN 957-32-3510-2（一套：平裝）.-- ISBN 957-32-3511-0（第壹冊：平裝）.-- ISBN 957-32-3512-9（第貳冊：平裝）.-- ISBN 957-32-3513-7（第參冊：平裝）.-- ISBN 957-32-3514-5（第肆冊：平裝）.-- ISBN 957-32-3515-3（第伍冊：平裝）

1. 中國 - 歷史 - 晚清（1840-1911）

627.6　　87005962

・親切的／活潑的／趣味的／致用的・

實用歷史叢書

・郵撥／0189456-1　遠流出版公司
・地址／臺北市汀州路三段184號7樓之5
・電話／(02)23653707（代表號）

①曹操爭霸經營史〔天之卷〕		陳文德／著	200元
②曹操爭霸經營史〔地之卷〕		陳文德／著	200元
③曹操爭霸經營史〔人之卷〕		陳文德／著	200元
④觀察家100 中國先哲「知人審政」的智慧		關紹箕／著	200元
⑤中國帝王學《貞觀政要》白話版	吳兢／著	葛景春／譯	280元
⑥縱橫學讀本《長短經》白話版	趙蕤／著	葛景春/譯	320元
⑦人間孔子《孔子家語》白話版	王肅／編	白羅／解讀	200元
⑧爲政三部書《三事忠告》白話版	張養浩／著	羅素娟／譯	140元
⑨現代帝王學修己安人的領導哲學	伊藤肇／著	東正德／譯	220元
⑩朱元璋大傳一個平民英雄，一個血腥皇帝		吳晗／著	220元
⑪經世奇謀《經世奇謀》白話版	兪琳／編	簡松興等／譯	320元
⑫三國智典100	松本一男／著	廖爲智／譯	160元
⑬小謀略學兵法36計新解	守屋洋／著	鍾憲／譯	140元
⑭亂世處世術萬變中忠於自我的12種典型	奥平卓／著	李文仁／譯	160元
⑮策謀學《戰國策》：人性本質的掌握術		張慧良／著	180元
⑯品人明鏡(上)《世說新語》白話版	劉義慶／著	陳仁華／譯	180元
⑰品人明鏡(中)《世說新語》白話版	劉義慶／著	陳仁華／譯	200元
⑱品人明鏡(下)《世說新語》白話版	劉義慶／著	陳仁華／譯	200元
⑲人間學讀本中國式的人際關係藝術	寺尾善雄／著	陳秋月／譯	180元
⑳人生的指針中國經世智慧名言集	丹羽隼兵／著	謝文文／譯	160元
㉑朱子讀書法宋儒朱熹讀書心法徹底研究	黎靖德／編	陳仁華／譯	160元
㉒中國智謀寶庫（上）《智囊全集》白話全譯本		馮夢龍／編	280元
㉓中國智謀寶庫（中）《智囊全集》白話全譯本		馮夢龍／編	280元
㉔中國智謀寶庫（下）《智囊全集》白話全譯本		馮夢龍／編	280元

*本書目所列定價如與書內版權頁不符，以版權頁爲準

㉕如果現在是歷史	堺屋太一／著	東正德／譯	200元
㉖大指導力（上）《宋名臣言行錄》白話版		朱熹／編	320元
㉗大指導力（下）《宋名臣言行錄》白話版		朱熹／編	320元
㉘項羽對劉邦：〔壹〕楚漢雙雄爭霸史	司馬遼太郎／著	鍾憲／譯	200元
㉙項羽對劉邦：〔貳〕楚漢雙雄爭霸史	司馬遼太郎／著	鍾憲／譯	200元
㉚項羽對劉邦：〔叁〕楚漢雙雄爭霸史	司馬遼太郎／著	鍾憲／譯	200元
㉛項羽對劉邦：〔肆〕楚漢雙雄爭霸史	司馬遼太郎／著	鍾憲／譯	200元
㉜野心帝國日本經略台灣的策謀剖析		羅吉甫／著	200元
㉝一個通商國家的興亡迦太基遺書	森本哲郎／著	劉敏／譯	200元
㉞鏡子一樣的歷史《説苑》白話版	劉向／編著	白羅／解讀	280元
㉟諸葛孔明〔壹〕	陳舜臣／著	東正德／譯	200元
㊱諸葛孔明〔貳〕	陳舜臣／著	東正德／譯	200元
㊲策略規劃家：諸葛亮大傳（上）		陳文德／著	200元
㊳策略規劃家：諸葛亮大傳（中）		陳文德／著	200元
㊴策略規劃家：諸葛亮大傳（下）		陳文德／著	200元
㊶現代孫子兵法72則戰略商法		陳再明／著	200元
㊷英雄魅力學	松本一男／著	廖為智／譯	200元
㊸三國謀略與現代商戰		霍雨佳／著	180元
㊹一代天驕：成吉思汗傳(上)		朱耀庭／著	180元
㊺一代天驕：成吉思汗傳(下)		朱耀庭／著	180元
㊻亂世經營術齊宋晉秦楚吳越大變局中的興亡剖析		陳文德／著	200元
㊼秦公司興亡史以經營觀點剖析帝國七百年盛衰		陳文德／著	200元
㊽北宋危機管理一個問題公司的經營對策剖析		陳文德／著	200元
㊾《三國演義》與人才學		葛楚英／著	280元
㊿中國名言典故365	松本一男／著	廖為智／譯	180元
51君王經國策〈上〉法家經典：《韓非子》白話版	韓非／著	劉育林／解讀	200元
52君王經國策〈中〉法家經典：《韓非子》白話版	韓非／著	劉育林／解讀	200元
53君王經國策〈下〉法家經典：《韓非子》白話版	韓非／著	劉育林／解讀	200元
54戰國寡頭競爭戰國七雄的經營策略		陳文德／著	280元
55戰略西遊記吳承恩的兵法世界		關紹箕／著	280元

＊本書目所列定價如與書內版權頁不符，以版權頁為準

㊱古今人物逍遙遊〈上〉		陳再明／著	200元
㊲古今人物逍遙遊〈下〉		陳再明／著	200元
㊳權力玩家	側寫中國政壇上的權力角逐	駱玉明／著	180元
㊴尋找理想國	劉伯溫政治寓言集：《郁離子》白話版	劉伯溫／著	240元
㊵經世七卷書	治世經典	蘇洵等／著　白本松等／譯	220元
㊶智謀新典	西方眼中的三十六計	勝雅律／著	320元
㊷商戰孫子	《孫子兵法》的商略研究	羅吉甫／著	200元
㊸開創與傳承	從現代管理看大清帝國盛世	劉必榮・梁憲初／著	200元
㊹識人・擇人・用人	中國歷代納賢史話	王志欣・劉申康／著	240元
㊺琉球之風〔壹〕		陳舜臣／著　許錫慶／譯	200元
㊻琉球之風〔貳〕		陳舜臣／著　許錫慶／譯	200元
㊼龍虎風雲〔壹〕		陳舜臣／著　張正薇／譯	200元
㊽龍虎風雲〔貳〕		陳舜臣／著　張正薇／譯	200元
㊾旋風兒：小說鄭成功〔壹〕		陳舜臣／著　孫蓉萍等／譯	200元
㊿旋風兒：小說鄭成功〔貳〕		陳舜臣／著　孫蓉萍等／譯	200元
71小說十八史略〔壹〕	傾國傾城	陳舜臣／著　廖爲智／譯	200元
72小說十八史略〔貳〕	易水悲歌	陳舜臣／著　廖爲智／譯	200元
73小說十八史略〔叁〕	楚風漢雨	陳舜臣／著　廖爲智／譯	200元
74小說十八史略〔肆〕	大漢天威	陳舜臣／著　廖爲智／譯	200元
75小說十八史略〔伍〕	遍地皆皇帝	陳舜臣／著　廖爲智／譯	200元
76小說十八史略〔陸〕	三國群英	陳舜臣／著　廖爲智／譯	200元
77小說十八史略〔柒〕	江南風波惡	陳舜臣／著　廖爲智／譯	200元
78小說十八史略〔捌〕	日月臨空	陳舜臣／著　廖爲智／譯	200元
79小說十八史略〔玖〕	陳橋立萬歲	陳舜臣／著　廖爲智／譯	200元
80小說十八史略〔拾〕	草原風暴	陳舜臣／著　廖爲智／譯	200元
81耶律楚材〔壹〕		陳舜臣／著　許錫慶／譯	200元
82耶律楚材〔貳〕		陳舜臣／著　許錫慶／譯	200元
83小說甲午戰爭〔壹〕		陳舜臣／著　謝文文・蔡宗明／譯	200元
84小說甲午戰爭〔貳〕		陳舜臣／著　謝文文・蔡宗明／譯	200元
85小說甲午戰爭〔叁〕		陳舜臣／著　謝文文・蔡宗明／譯	200元

＊本書目所列定價如與書內版權頁不符，以版權頁爲準

86	**商戰吳子** 吳起的管理智慧	羅吉甫／著	180 元
87	**說三國・話權謀**	李炳彥・孫兢／著	320 元
88	**龍爭虎鬥 36 計** 動物的戰爭啓示錄	蕭長書／著	200 元
89	**1895 年・決戰八卦山(上)**	陳文德／著	220 元
90	**1895 年・決戰八卦山(下)**	陳文德／著	220 元
91	**攻心決勝要策** 中國歷代攻心個案 103 則	霍雨佳／著	250 元
92	**活用孫子兵法・經營篇**	李世俊・楊先舉・覃家瑞／著	220 元
93	**應世經略智典** 《抱朴子外篇》白話版	葛洪／著　趙帆聲／譯	280 元
94	**儒學異端** 現代王充論衡	陳再明／著	280 元
95	**鴉片戰爭〔壹〕** 滄海孤舟	陳舜臣／著　蕭志強／譯	250 元
96	**鴉片戰爭〔貳〕** 巨變家國	陳舜臣／著　蕭志強／譯	250 元
97	**鴉片戰爭〔叁〕** 罌粟悲歌	陳舜臣／著　蕭志強／譯	250 元
98	**鴉片戰爭〔肆〕** 血染海棠	陳舜臣／著　蕭志強／譯	250 元
99	**鴉片戰爭〔伍〕** 大國英魂	陳舜臣／著　蕭志強／譯	250 元
100	**鴉片戰爭〔陸〕** 百年滄桑	陳舜臣／著　蕭志強／譯	250 元
101	**弱勢大贏家：劉邦大傳㈠**	陳文德／著	220 元
102	**弱勢大贏家：劉邦大傳㈡**	陳文德／著	220 元
103	**弱勢大贏家：劉邦大傳㈢**	陳文德／著	220 元
104	**老子管理學** 道・德・柔・無・反・水六大管理法則	楊先舉／著	250 元
105	**爭鋒奇術三國策**	吳琦／著	320 元
106	**機智對談 72** 歷史人物的口頭語言魅力	陳正榮／著	220 元
107	**風雪定陵** 從萬曆到文革——地下玄宮洞開之謎	楊仕・岳南／著	350 元
108	**中國奇人傳**	陳舜臣／著	200 元
109	**英雄逐鹿學**	／霍雨佳／著	220 元
110	**太平天國〔壹〕** 金田起義	陳舜臣／著　姚巧梅／譯	250 元
111	**太平天國〔貳〕** 打江山	陳舜臣／著　姚巧梅／譯	250 元
112	**太平天國〔參〕** 江水東流	陳舜臣／著　姚巧梅／譯	250 元
113	**太平天國〔肆〕** 天京夢斷	陳舜臣／著　姚巧梅／譯	250 元
114	**諸葛亮領導兵法**	羅吉甫／著	250 元
115	**萬世法門〈上〉** 塔起塔崩	商成勇、岳南／著	250 元

⑯萬世法門〈下〉緣滅緣生	啇成勇、岳南／著	250 元
⑰行爲決策 66 歷史人物的肢體語言技巧	陳正榮／著	250 元
⑱謀略三國	羅吉甫／著	280 元
⑲陶朱公傳奇	陳文德／著	250 元
⑳鄭芝龍大傳	陳文德／著	280 元
㉑孫子兵法經營學	陳文德／著	280 元
㉓危機談判中國先哲的危機處理與談判技巧	陳雙景／著	180 元

實用歷史

35・36

諸葛孔明

(上)飛龍在天之卷 (下)萬古雲霄之卷

陳舜臣⊙著

東正德⊙譯

史家的慧眼，小說家的筆觸，鋪展出三國時代關鍵人物諸葛孔明轟轟烈烈的一生，日文原著在日本市場半年內銷售八十餘萬冊，並榮獲吉川英治文學賞。

遠流取得中文版獨家授權，八十一年三月出版至六月中旬暢銷五萬冊，高踞五月份金石堂排行榜一、二名，掀起「諸葛孔明旋風」……。

實用歷史
65・66

海的三部曲①

琉球之風〔全二冊〕

(上)疾風之卷　(下)雷雨之卷

陳舜臣⊙著

許錫慶⊙譯

日本史學家伊波普猷稱戰敗後兩屬時代的殖民地琉球爲「奈良河上的鸕鶿」，道出漁夫（日本）在鸕鶿（琉球）的頸上繫繩，讓鸕鶿在奈良河（大明）捕魚後無法吞食而全數悉繳的厲害關係。長期受明朝册封，透過朝貢貿易求利的琉球，在日本德川家康的侵略下，成了兩大強國之間唯利殘喘的殖民地，而海國之民掙扎在這興衰沒落之際，將如何自處？

陳舜臣在琉球當地實地採訪體驗三個月之後，以獨到的論史功力，淋漓描繪一個小島國在列強之間微妙的歷史互動與心理轉折，是一部充滿血淚省思的時代大作，不可不看！

	實用歷史 67・68

海的三部曲②

龍虎風雲〔全二册〕

(上)風之卷　(下)雲之卷

陳舜臣⊙著

張正薇⊙譯

在明末政治腐敗、目光如豆的朝廷體制外，東南海域盤踞著一股新興的海上勢力，自東瀛至南洋，鄭芝龍與各路英雄好漢共創理想中的「南海王國」。

從無到有，從船運押貨人到海商鉅子，鄭芝龍受封安南伯，自擁軍隊建構海上霸業，在歷史上卻被視爲投機叛國的民族罪人。然而以商爲本的人眼中只有利益，以大海爲大業的人眼中只有世界，鄭芝龍能以個人獨到的才智佈局歷史、打造時勢，而在其中搏命演出，他的成功顯然不是一個「投機」所能涵蓋。

陳舜臣把自己化身虎之助，在動盪的大時代裡，與鄭芝龍各顯豪情，掀起一場龍虎風雲。